U0851943

创新——民营企业二次创业的灵魂

吴言忠 著

中国铁道出版社有限公司
CHINA RAILWAY PUBLISHING HOUSE CO., LTD.

图书在版编目(CIP)数据

创新:民营企业二次创业的灵魂/吴言忠著. —北京:
中国铁道出版社有限公司,2022.12
ISBN 978-7-113-29745-9

Ⅰ.①创… Ⅱ.①吴… Ⅲ.①民营企业-企业管理-研究-
山东 Ⅳ.①F279.245

中国版本图书馆 CIP 数据核字(2022)第 193802 号

书　　名:创新——民营企业二次创业的灵魂
CHUANGXIN: MINYING QIYE ER CI CHUANGYE DE LINGHUN
作　　者:吴言忠

责任编辑:张文静　　**编辑部电话:**(010)51873459　　**电子邮箱:**285862601@qq.com
封面设计:刘　颖
责任校对:苗　丹
责任印制:赵星辰

出版发行:中国铁道出版社有限公司(100054,北京市西城区右安门西街 8 号)
印　　刷:北京铭成印刷有限公司
版　　次:2022 年 12 月第 1 版　2022 年 12 月第 1 次印刷
开　　本:710 mm×1 000 mm 1/16　**印张:**11.75　**字数:**159 千
书　　号:ISBN 978-7-113-29745-9
定　　价:69.80 元

版权所有　侵权必究

凡购买铁道版图书,如有印制质量问题,请与本社读者服务部联系调换。电话:(010)51873174
打击盗版举报电话:(010)63549461

前言

民营经济是市场经济发展的生力军和新的经济增长点，民营企业在发展经济、扩大就业、活跃市场和增加出口等方面都发挥了重要作用，成为促进国民经济和社会发展的重要力量。目前，随着我国市场经济的发展和改革的不断深入，面临全球经济一体化和信息化等国际经营环境的巨大变化，民营企业在发展中遇到了前所未有的种种困难，存在经营理念落后、产业布局不合理、产权结构单一、法人治理结构不合理、管理水平低下、激励与约束机制不健全、创新机制与企业文化不足、缺乏特色等问题，企业的竞争力亟待提高。民营企业的“二次创业”，能够利用市场经济的力量，形成较为完备的企业效益产生机制和企业利益保护机制，实现民营企业发展的制度化、规范化、稳定化，是民营企业实现可持续发展的主要动力，也是影响我国经济持续、健康发展的关键问题。

本书以山东省民营企业为研究对象，遵循“发现问题→收集资料→分析问题→总结方法→解决问题”的思路和步骤，根据二次创业研究的相关理论，结合国内外研究成果，运用 SWOT 分析法明确了山东省民营企业二次创业的必要性和可行性，并在系统分析山东省民营企业二次创业的宏观以及微观制约因素的基础上，明确了其发展路径；同时，本书秉承“创新是民营企业二次创业的灵魂”这一理念，从产权制度创新、发展战略创新、技术创新、融资渠道创新、管理创新、营销创新、企业家建设、文化创新 8 个方面系统构建山东省民营企业二次创业的发展模式，并进一步进行风险研究，构建风险评价的指标体系，提出风险防范措施；在此基础上，从实践出发，以民营企业、民间商会、政府三者联动的合作关系为基础，系统构建山东省民营企业二次创业的保障体系。

本书的研究内容能够为山东省民营企业二次创业提供理论依据，也为政府制定民营企业二次创业的相关政策提供决策支持，对促进山东省民营企业二次创业的顺利进行具有重要的理论指导意义和实践应用价值，对其他省市民营企业的二次创业也具有较高的参考价值和借鉴意义。

编　者

目　录

第1章 绪论

1.1 背景

民营经济是市场经济发展的生力军和新的经济增长点。截至2020年年底,我国民营企业数量超过4 000万家。民营企业在我国国民经济中的重要作用可以用“五六七八九”来概括,即贡献了50%以上的税收,60%以上的国内生产总值,70%以上的技术创新成果,80%以上的城镇劳动就业,90%以上的企业数量。民营经济已经成为推动我国经济发展不可或缺的力量,成为创业就业的主要领域、技术创新的重要主体、国家税收的重要来源,为我国社会主义市场经济发展、政府职能转变、农村富余劳动力转移、国际市场开拓等发挥了重要作用。长期以来,广大民营企业家以敢为人先的创新意识、锲而不舍的奋斗精神,组织带领千百万劳动者奋发努力、艰苦创业、不断创新。我国经济发展能够创造奇迹,民营经济功不可没!但是,一些民营企业在经营发展中遇到不少困难和问题,有的民营企业家形容为“三座大山”:市场的冰山、融资的高山、转型的火山。因此,尽快克服民营企业遇到的困难,充分发挥民营企业的重要作用,具有重大的现实意义。近年来,随着新旧动能转换的顺利实施,山东省各级政府进一步加大工作力度,相继出台了一系列有利于民营经济发展的政策措施,不断改善民营企业的经营环境。山东省各种类型的民营企业迅速崛起,民间投资快速增长,在发展经济、扩大就业、活跃市场和增加出口等方面发挥了重要作用,已成为促进山东省国民经济和社会发展的重要力量。

二次创业是随着市场经济的发展而出现的一个概念,是相对于一次创业而言的。一次创业笼统地讲,可以说是企业进行资本原始积累的阶段,但随着经营环境的变化,企业在思考经营策略时就必须考虑经营的国际化、信息化和需求的个性化。同时,为了谋求进一步的发展,企业内部的管理问题也需要从根本上得到解决。因此,企业发展到一定阶段都将不可避免地面临二次创业的问题。目前,随着市场经济的发展和改革的不断深入,面临全球经济一体化和信息化等国际经营环境的巨大变化,民营企业在发展中遇到了前所未有的种种困难,存在经营理念落后、产业布局不合理、产权结构单一、法人治理结构不合理、管理水平低下、激励与约束机制不健全、创新机制与企业文化不足、缺乏特色等问题,企业的竞争力开始减弱,企业的经济效益不断滑坡。面对新的形势,民营企业亟待进行二次创业,以创新为动力,以转型升级为重点,以绿色低碳为方向,坚持高质量发展的道路,争取实现新的突破和跨越,创造出新的辉煌。

1.2 目的和意义

1.2.1 目的

企业二次创业的概念在 1989 年被首次提出，学者们在各领域的研究中对其阐述的内容各不相同。其中，Jeffrey 等(1999)认为二次创业是企业在市场竞争中获取和维系其原本竞争优势的途径，包括对组织的重新组合与革新、对市场的重新判断和定位，以及对产业的再审视等过程[1]。

山东省民营企业的“二次创业”，能够利用市场经济的力量，不断提升企业竞争力，形成较为完备的企业效益产生机制和企业利益保护机制，实现民营企业发展的制度化、规范化、稳定化，是民营企业摆脱目前困境，实现可持续发展的主要动力，也是影响山东经济持续、健康发展的全局性问题。本书根据二次创业的相关理论，结合国内外研究成果，在山东省民营企业现状分析的基础上，研究山东省民营企业二次创业的制约因素与发展路径，以创新为核心系统分析山东省民营企业二次创业的发展模式，并进一步开展山东省民营企业二次创业的风险研究和保障机制研究。因此，本书的研究内容以创新为基本理念，根据山东省民营企业的实际，设计出具有科学性、系统性的民营企业二次创业创新模式，提出操作性强的民营企业二次创业实施和保障体系，能够为山东省民营企业二次创业的顺利实施提供理论依据和实践指导。

1.2.2 意义

目前，民营企业二次创业问题的研究已成为当前经济理论界的重大研究课题，探索民营企业二次创业的理论和方法具有十分重要的意义。

(1)理论意义

民营企业二次创业研究能够使民营企业在更高水平和层次上进行发展。它要求企业摒弃以往不科学的发展模式和经营方式,以求用最科学的方法、最低的成本达到企业发展的战略目标,实现民营企业和谐发展。所以,民营企业二次创业具有普遍性和必然性。民营企业二次创业研究是可持续发展观在企业中的综合运用,是对可持续发展观的继承和落实。本书的研究内容能够填补民营企业二次创业的研究空白,吸引更多的专家学者对民营企业二次创业给予更多的关注和研究,为民营企业二次创业提供理论上的帮助和指导。

(2)实践意义

本书的研究内容从实践的角度分析山东省民营企业的实际情况,确立民营企业二次创业的实施路径,以创新为灵魂构建民营企业二次创业的发展模式,并从风险防范和政府职能等方面构建民营企业二次创业的保障体系,对民营企业二次创业具有重要的实践应用价值。因此,研究内容有利于民营企业重新组合自身的各种资源,实现资源的最优配置和充分利用,促进民营企业的可持续健康发展。

1.3 国内外相关研究现状

1.3.1 国内研究现状

在国内,民营企业二次创业已引起学者的广泛关注,并形成了较多的研究成果。

(1)民营企业二次创业的含义研究

在我国,“二次创业”最早出自 20 世纪 90 年代中期的深圳经济特区的政府文件中，提出了深圳经济再次腾飞的“二次创业”目标。杨树青等(2008)提出，民营企业的二次创业就是为了适应外部环境的变化以及设法优化内部管理的过程。李义平(2010)认为二次创业更适合于早年发展起来的民营企业，民营企业通过自身发展已完成了一定的资本原始积累，具备了一定的规模，在此基础上，需要谋求更进一步的发展，二次创业是对企业产权关系、管理机制、利益分配进行重组的过程。翟卫东(2007)则对一次创业与二次创业时的企业规模、发展目标、发展方式、核心任务和管理模式的不同点进行比较。

(2)民营企业二次创业的动因及机会识别研究

周建波(2013)认为市场主体和自组织作用相对不足的条件下，经济转型只能依靠政府来主导和推动。李宏等(2004)学者根据企业生命周期理论，提出企业的二次创业是企业生命周期内的一次变革，是在企业具备了一定实力下，为了使企业能够继续发展和更好发展进行的全面性和根本性的内外变革，是民营企业的“再生”和“蜕变”的一个过程。

(3)民营企业二次创业对策的研究

知名学者吴敬琏(2013)认为民营企业在进行二次创业时，应考虑以下三大措施：一是革新企业管理制度，二是确立经营战略，三是改善企业架构。吴凯(2014)提出企业要通过自我准确的市场定位，同时结合内外部环境的变化，从而有效配置自身资源，逐步构建企业特有的核心竞争力，以此在二次创业中产生持续的竞争优势。李碧珍(2014)则从创新创业机制、优化创业环境以及企业苦练内功等三个角度探讨了民营企业二次创业的基本方略。周秦(2015)指出民营企业在二次创业中应走专业化道路，设法扩大企业经营规模，构建企业文化，进一步理顺企业的产权关系，加强融资管理，把握好国家和行业的环境变化。王华锋(2014)分别从社会资本理论和企业成长理论对企业二次创业的必要性和突破口进行了系统的分析和研究。杨青等(2008)指出民营企业只有进行管理创新和制度创新，才能提高民营企业的核心能力，从而保证民营企业的可持续发展，并进一步分析了民营企业营销创新、资本运营创新、战略管理创新和制度创新对民营企业的发展具有指导意义。

在山东省内，王爱琴(2013)分析了山东省民营企业中层管理者激励方面存在的问题，提出应建立可行的薪酬激励制度和科学的绩效考核标准，注重对中层管理者的培训，以促进山东省民营企业的长足发展。周冉(2013)通过对山东省民营企业技术创新的描述性统计分析，研究分析山东省民营企业技术创新的问题包括资源类瓶颈、技术类瓶颈、管理类瓶颈、政策类瓶颈等，进一步发现影响山东省民营企业技术创新能力提升的关键问题是人才匮乏和资金短缺等；针对山东省民营企业技术创新中存在的问题，提出了加强人力资源开发与运用，完善激励机制，加强政府支持、知识产权的保护等对策建议。李素梅(2021)指出民营企业在实际的发展过程中因多种因素有所限制，包括发展规模的限制、资金的限制、人才的限制及研发实力的限制；在山东省新旧动能转换的关键时刻，民营企业发展的新需求迫切需要政府的科技服务和管理支持。从嘉益(2012)从山东省中小民营企业融资所处的实际环境出发，从内外因两个方面分析融资难的原因，针对存在的问题提出解决方案。

总体来说，国内专门针对民营企业二次创业的研究主要集中在民营企业二次创业的特点、融资问题、战略构想、管理创新、企业文化建设等方面，但理论界对民营企业二次创业的研究不够系统，在个案研究方面不够深入，对第一手材料的掌握不够丰富，相关的研究成果较少，对民营企业二次创业中所面临的结构调整、产权制度改革、企业文化的重塑、战略联盟构建等深层次的问题没有在理论和实践方面得到系统的解决。专门针对山东省民营企业二次创业的研究成果更少，也没有形成系统科学的研究成果。

1.3.2 国外研究现状

据商务部国际贸易经济合作研究院跨国公司研究中心介绍，跨国公司进入中国时，对民营企业的特征与合作心态极为关注，相当多的外资企业要求该中心提供有关资料，以增加他们对中国民营企业的了解，增强在谈判与合作中的主动权。因此，越来越多有远见的国外经济学家开始关注中国的民营企业。美国耶鲁大学金融学教授陈志武认为做大做强民营企业是国家经济发展的必然途径，强调做大做强民企，是实践证明的必然选择。Teece 等(1997)等提出，企业可以通过资源重组来适应环境变化，借助动态能力为企业带来竞争优势，从而提高企业绩效[2]。Helena Lenihan 等(2011)认为政策制定者希望小公司也能像他们一样采取行动，经济增长的引擎使人们对企业政策的作用重新产生了兴趣。企业政策要有促进和塑造外部因素的能力，其核心是研发、创新和教育[3]。Arman Peighambari 等(2014)分析了若干创新和升级过程。这些研究大多与外商投资企业有关，全球生产网络(GPN)以及政府的大力支持成为重要的因素[4]。美国福布斯公司总裁史蒂夫·福布斯(2004)认为保护民营经济的产权、健全法制等，都是推动经济平稳发展的重要因素。世界银行经济顾问、《创新的亚洲：增长的前景》报告的主要作者沙希德·优素福认为：技术革命继续迅猛发展，随着外商直接投资的增加，随着将原件供应商、组装厂、供应链管理者和买方组合在动态关系中的国际生产网络的出现，生产组织正在发生变化。民营企业必须适应这些变化，否则就有落后的危险，如果不从生产要素集约型的生产模式转向技术集约型的生产模式，未来的增长速度就会减慢。总的来说，西方经济界人士和学者对我国民营企业较为关注，对民营企业的发展提出了较多有价值的研究成果。但民营企业二次创业的相关研究成果较少，研究成果比较零散，缺乏富有说服力的系统研究成果。

1.4 研究方法、主要内容及创新点

1.4.1 研究方法

本书采用的研究方法为:课题论证→形成研究提纲→查阅文献并掌握相关最新研究现状和动态→实地调研、分析→运用归纳、演绎法进行理论分析→完成基础性理论研究→总结山东省民营企业二次创业的发展模式→形成并修改定稿研究内容。课题研究采用理论和实践相结合、比较和归纳、系统分析、过程研究、文献研究等方法,以发现问题、分析问题、总结经验和解决问题为主线,探索总结山东省民营企业二次创业的发展模式。研究的技术路线如图 1.1 所示。

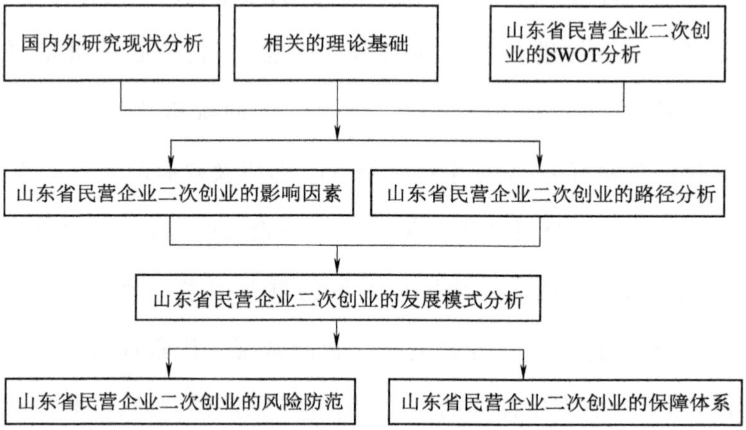

图 1.1 研究的技术路线

1.4.2 主要研究内容

①以山东省民营企业为研究对象,根据二次创业研究的相关理论,运用 SWOT 分析法明确山东省民营企业二次创业的必要性和可行性。

②系统分析山东省民营企业二次创业的内外制约因素，探讨山东省民营企业二次创业的发展路径：民营企业的二次创业必须实现观念更新、战略定位和系统重构。

③以创新为灵魂，从产权制度创新、发展战略创新、技术创新、融资渠道创新、管理创新、营销创新、企业家建设、文化创新8个方面系统构建山东省民营企业二次创业的发展模式。

④进行山东省民营企业二次创业的风险研究，分析其客观和主观的风险因素，构建山东省民营企业二次创业风险评价的指标体系，并提出山东省民营企业二次创业的风险防范措施。

⑤提出构建山东省民营企业二次创业的保障体系，以民营企业、民间商会、政府的三者联动合作关系为基础，构建山东省民营企业二次创业的保障体系。

1.4.3 主要创新点

①明确了山东省民营企业二次创业的发展路径，并系统构建了山东省民营企业二次创业的发展模式。

②构建了山东省民营企业二次创业风险评价的指标体系，提出山东省民营企业二次创业的风险防范措施。

③从实施的角度全面提出山东省民营企业二次创业的保障体系。

第2章 民营企业二次创业研究的理论基础

2.1 企业成长理论与企业生命周期理论

2.1.1 企业成长理论

企业成长理论主要是通过研究企业内部管理的变化进而分析企业行为。

安蒂思·潘罗斯认为，企业作为一个管理组织，集合了人力和物力资源，企业的内部资源是企业得以成长的主要动力。该理论主要是通过建构“资源—能力—成长”的分析框架，揭示了企业成长的内在动力。此外，安蒂思·潘罗斯深入分析了企业资源和能力的特征和作用，认为企业资源和企业能力是企业获得持续竞争优势的源泉。

安蒂思·潘罗斯的企业成长理论认为，企业的内在力量是促进企业增长的主要动力。企业管理力量的增长将会推动企业的增长。企业能力的关键是管理能力，它是限制企业成长率的基本原因之一，目前通常把管理对企业成长的关键性约束作用称为“潘罗斯效应”。该理论认为企业是人力与物力的整合，不同的企业在整合时都有它的特殊性，正是这种特殊性，制约了企业自己的成长空间。这种制约对企业的影响更大于其外部市场条件带来的影响。安蒂思·潘罗斯的理论建立了一个“企业资源—企业能力—企业成长”的分析框架，在她的研究基础上，后人进行了继续探索，形成了资源基础论、核心能力论、动态能力论、企业知识论等多个流派[6]。

2.1.2　企业生命周期理论

二次创业与企业生命周期理论密切相关。有关企业生命周期理论的研究始于 20 世纪 50 年代，90 年代末出现了新的高潮，并产生了 20 余种有关企业生命周期阶段的模型[7]。

民营企业的生命周期理论是指导民营企业成长发展及“二次创业”的基本理论，借助于拉里·格雷纳的组织成长阶段理论，民营企业生命周期可划分为创业期、成长期、稳定期和衰败期。民营企业生命周期的各个阶段有各自的特点、问题及风险。企业能不能持续发展要看企业能不能画出一波一波不断攀升的曲线(图 2.1)：要走出这样的曲线，就要求企业能克服生命周期内每一个成长阶段出现的危机。

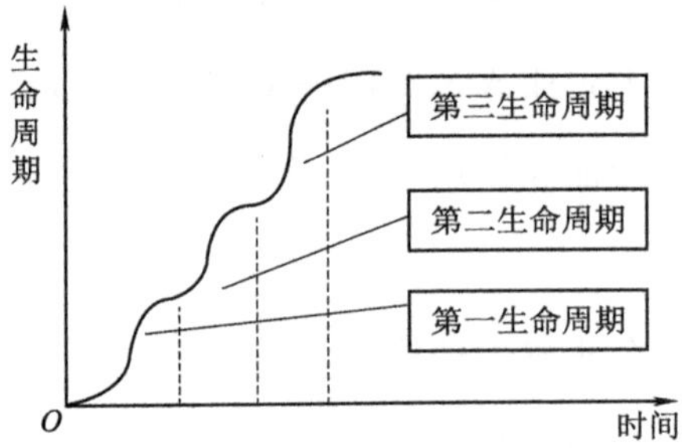

图 2.1　企业连续生命周期

伊查克·爱迪思(1989)在他的《企业生命周期》一书中,指出企业的生命周期要经历成长阶段(包括孕育期、婴儿期、学步期、青春期与壮年期)与老化阶段(包括稳定期、贵族期、官僚早期、官僚期与死亡期)。企业的成长与老化主要通过灵活性与可控性这两大因素之间的关系表现出来。他认为"企业年轻时充满了灵活性,但控制力却不一定总是很强;企业老化时,可控性增加了,但灵活性却减少了。"灵活性强,企业变革相对容易,但控制水平较低;控制力强的企业往往缺乏灵活性,缺乏变革的意向。在不同的阶段,企业可能会陷入不同的困境中。企业生命周期理论的发展日新月异,又有很多学者根据不同划分标准提出了更多的企业生命周期模型,如陈佳贵(1998)等按照企业规模把企业成长过程分为求生存、高速发展、成熟、衰退和死亡五个阶段(图 2.2)。李业(2000)按照企业的销售额把企业发展分为初生、成长、成熟和衰退四个阶段。周三多、邹统钎(2002)按照企业的经营战略将企业成长历程总结为专业化、多元化和归核

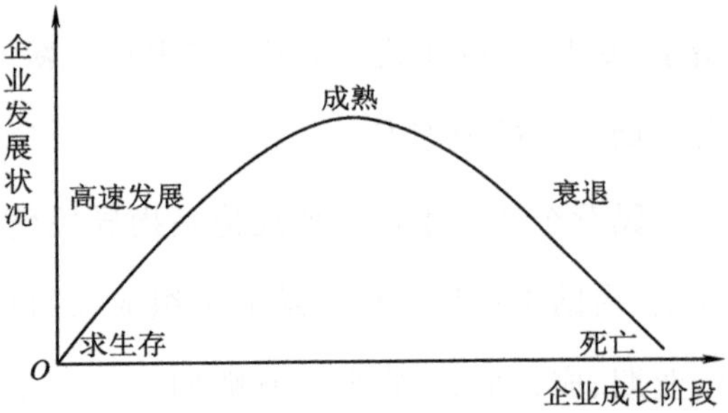

图 2.2　企业生命周期描述

化三个阶段。韩福荣等(2002)提出了基于灵活性、可控性和企业规模的三维生命周期模型。

总体来看,企业生命周期理论是依据系统理论和权变理论,首先把企业看成一个系统,强调企业的兴衰是由系统内外各种因素共同作用的结果。同时,认为企业系统在不同时期有不同的特征和问题,需要权变地选择解决问题的方法与战略。因此,企业生命周期理论就是把企业的成长发展看作一个由若干阶段组成的过程,从而去研究该过程中各个阶段的特征与问题,以促进企业的可持续成长。

(1)阶段一:创业期

在创业期,企业的危机是领导危机。创业者是企业成功的关键,创业者的行为、决策、眼光等直接关系着企业的成败。这时,个人因素占主导地位,较团体而言更易控制,所以这一阶段的跨越难度相对小些。

(2)阶段二:成长期

在成长期,企业的危机是自治危机、控制危机。企业完成了原始积累,开始了高速发展阶段,主导因素由个人过渡到团体,如要继续发展就要改变创业期内很多不规范的事情,如思想、制度、动作方式、观念等,这是十分困难的。因此这个阶段的跨越难度相当大,此时的企业只有通过全面的改革,从观念到制度的更新,才能到达下一阶段。

(3)阶段三:稳定期

在稳定期,企业发展到了一个很高的层次,规模大而稳固,制度健全,正因如此,易产生官僚危机,直接影响企业的创新能力,间接影响企业的竞争能力,此时企业可以通过将组织细分,即将组织分为几个规模较小的组织来防止这个危机的产生。

(4)阶段四:衰退期

稳定期内,如果企业不能找到新的业务,形成新的经济增长点,则企业迟早会进入衰退期。因为在稳定期内，企业的主产品市场基本达到饱和，已失去了增长动力，开始下滑，企业需要新业务刺激其发展，若找到了则企业可跨过衰退期，进入下一个成长阶段，即进入下一个生命周期。周而复始，就画出了企业连续的生命周期曲线，企业始终健康向上地良性发展，否则企业会渐渐衰退直至消亡。

2.2 企业生命周期中的蜕变理论

企业可以改变其原有的生命周期运行轨迹，从而形成新的生命周期运行曲线。这种类型的企业在生命周期进入衰退期后进行内部改革、业务流程再造、技术创新、制度创新等，使企业实现蜕变，在新的起点上再创业和再发展，这也是每个企业追求的理想和目标。在调整型生命周期模型中，最为关键的就是企业的蜕变过程，也就是企业如何再创业、再发展的过程。

2.2.1 企业蜕变的含义

“蜕变”一词在《现代汉语词典》中的解释为：①（人或事物）发生质变；②衰变。由此可以看出，蜕变包含的一个基本含义就是事物由“量变”到“质变”。蜕变是一个中性词，事物有可能向好的方向发生质变，也可能向坏的方向发生质变。

企业生命周期理论认为，企业在一定的条件下要发生蜕变，并且蜕变是企业新生乃至升华的关键。因此，有关企业生命周期中的蜕变现象也就成为企业生命周期理论的重要内容。最早提出蜕变理论的是日本明治大学经营学部教授藤方诚一，他在总结人造丝转产的经验教训时得出结论：蝉由幼虫变成成虫时脱去原来的壳，这是生物的蜕变形象。企业和生物一样，不进行蜕变，就不能在变化的环境中生存下去，这就叫“蜕变的经营哲学”。藤方诚一的蜕变理论认为：①企业的经营活动可以分为两类，即“战略经营”和“生产率经营”。其中“战略经营”着眼于企业环境的变化，是进行有意识“蜕变”所进行的经营活动。②企业的经营理论应包括“提高工作效率”、“充分满足人的需要”和“企业的变态存续”三个方面的内容。③企业是一个不断进行事业转换的形态组织，即当环境发生改变时，企业从组织形式到业务范围都要进行新陈代谢。即从企业生命周期的角度来看，企业蜕变至少包括组织规模的蜕变、组织制度的蜕变、管理制度的蜕变、实物形态的蜕变等方面的内容。企业规模的蜕变是指企业规模不断扩大的过程，也是企业人员的不断增加，销售额、利润不断增长的过程；组织制度的蜕变指的是企业要从承担无限责任的自然人组织制度向只承担有限责任的法人企业蜕变，组建规范的股份有限公司和有限责任公司；管理制度的蜕变要求实行所有权与经营权分离的企业治理结构；实物形态的蜕变，亦即技术和产品的档次提升和蜕变。

陈佳贵教授发展了日本学者藤方诚一的蜕变理论，他提出一个正常发育的企业生命周期可分为孕育期、求生存期、高速成长期、成熟期、衰退期和蜕变期六个阶段。他以正常发育型企业为研究对象，详细探讨企业成长各个阶段的主要特征，认为企业经历衰退期后，存在两种情况：一是衰亡。企业在成长各阶段都会因为各种原因而破产，使企业消亡，但是这些破产只是“夭折”，而进入衰退期之后的破产死亡是企业机体老化引起的，所以称为衰亡。二是蜕变。蜕变期是企业成长过程中的一个关键阶段，关系到企业生命周期能否延续。蜕变的主要特点是企业的经济实体、实物实体和产品（劳务）发生革命性的脱胎换骨的变化，企业通过这种变化而获得新生。企业蜕变与企业衰退、企业演进是有区别的。企业蜕变与企业衰退的区别在于：企业蜕变是企业发生质的变化，而企业衰退是企业变化量的积累过程，是量变而不是质变，企业衰退是企业蜕变的结果之一，两者之间存在着因果关系；企业蜕变与企业演进的区别在于：企业演进在时间上表现为新兴企业经历的形成、成长、壮大、衰退的过程，而企业蜕变是企业发生的质的变化，企业蜕变是伴随在企业演进过程中发生的，企业的蜕变引起企业演进。

从图 2.3 可以看出，当企业发展状况轨迹运行到成熟点 A 时，为了使企业素质不再下降，避免进入衰退期和死亡点，企业进行了自我变革，使其素质轨迹在点 B 处形成一个质的飞跃，进入新一轮生命周期内，使企业在新的素质基础上运行，这便是企业生命周期的更新，即实现了蜕变。依据蜕变理论，在企业生命周期循环中，$A'B'$ 阶段、$C'D'$ 阶段是一个重要阶段，也就是蜕变阶段。它是企业实现再生，避免衰退、死亡的关键时期，也是企业内部剧烈变革的时期。

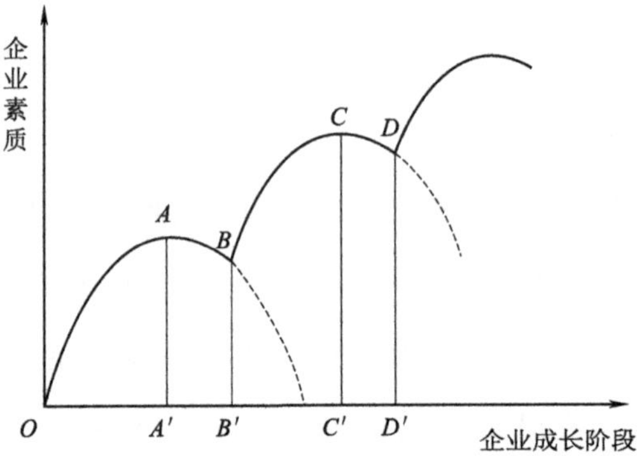

图 2.3　企业的蜕变

蜕变是企业在生命更新周期理论指导下，使自身适应市场竞争的要求，适应技术发展的趋势，摆脱陷于死亡和衰退的灾难而形成的吐故纳新、凤凰涅槃的过程。它以现代管理和现代技术等为手段，以市场竞争的推动力为基础动力来源，其基本标志是创新，包括技术创新和管理创新等。通过每一次创新，使企业突破旧有的障碍和矛盾，实现自我重塑，自我再造，使企业素质和活力实现质的突破和飞跃，促进企业成长。因此，企业生命周期中的蜕变过程可以归结为企业的再创业，就是在已有的基础上，进行自我变革，自我再造，追求企业可持续发展的过程。

2.2.2　企业蜕变的影响因素

企业发生蜕变是企业发展的必然规律，但企业蜕变的快慢、方式以及程度受到许多因素的影响。企业蜕变的影响因素包括内在因素和外在因素。内在因素对企业蜕变起主要推动作用，外在因素则从外部对企业蜕变起拉动作用。影响企业蜕变的因素主要包括：科技发展、生产方式、消费方式、资源供给的变化、产业政策、市场结构等。

(1)科技发展

科技发展和技术进步是社会经济发展的必然趋势，也是企业发生蜕变的主要推动力。科技发展对企业蜕变的推动是通过影响生产方式和消费方式发生变化，进而影响到整个企业发生蜕变。科技发展、技术进步能够使生产能力产生质的变化，使生产方式发生变革。尤其是当某种新技术引起企业的生产效率产生飞跃时，就会使整个企业技术体系发生革命，从而使企业结构发生急剧变化，导致企业发生蜕变。生产方式决定消费方式，消费方式的变化会通过消费需求的变化使企业发生蜕变，进而引起企业蜕变。技术进步和创新是推动企业蜕变的基本方式。

(2)生产方式

技术的进步累积到一定程度带来生产方式的变革，生产方式的变革使企业的生产发生根本性的改变，企业的产品结构、企业功能发生根本性变化，导致企业发生蜕变，企业的大规模蜕变必将引起整个企业的蜕变。企业的生产方式可以大致分为刚性生产和柔性生产，并以柔性生产为主要发展趋势，因为通过柔性生产可以明显减少生产成本，有效增强企业的竞争力，进而可以实现企业的升级。由于科学技术的迅速发展与社会生产分工的逐渐深化，现代生产柔性水平越来越高，生产线越来越短，生产周期越来越短，生产消耗越来越少，生产效率越来越高，加快了新兴企业的成长和发展，加速了企业蜕变的频率。

(3)消费方式

在一定社会经济条件下，消费者同消费资料相结合的方式即消费方式，包括消费者以什么身份、采用什么形式、运用什么方法来消费，以满足其生产和生活的需要。随着科学技术的进步和生产力的发展，消费方式也日趋更新，并不断产生出前所未有的消费方式，消费方式的改变会使消费者对产品的种类、功能、质量等提出更高的要求，企业要适应消费方式的变化，必须不断地对产品进行调整，导致企业发生蜕变，进而引起整个企业的蜕变。

(4)资源供给的变化

没有充足的资源供给就不可能有经济的稳定发展，资源的供给情况对一个国家或地区的产业发展具有非常大的影响力。资源供给主要包括自然资源和人力资源两个方面。

①自然资源。

自然资源是否丰富在相当大的程度上影响着一个国家或地区产业发展情况的好坏。地下资源的多少决定着采掘业和其他重工业的发展水平。任何一个国家和地区都会根据自己的资源情况，首先发展那些与自有资源关联性比较大的产业，以发挥自己资源上的优势，依靠这些产业来积累资本，然后再发展其他的产业。因此，某一国家和地区的产业结构基本上都能反映出该地区哪些资源比较丰富。

②人力资源。

人力资源对一个国家或地区产业蜕变的影响可以从两点分析：首先，劳动力的结构对一个国家或区域产业的发展具有非常大的影响作用。一般认为，劳动力数量越大，劳动力成本越低，比较迅速得到发展的往往是劳动密集型产业；

如果劳动力数量比较少，劳动力成本比较高，则能得到迅速发展的应该是资本或技术密集型产业。其次，劳动者自身各个方面的素质都会对产业的发展情况产生重大的影响。素质比较低的劳动力，往往只能符合低技术产业的发展；而素质比较高的劳动力，则可以适合高技术产业的发展。

(5)产业政策

产业政策是指国家根据国民经济发展的内在需要，对社会再生产进行宏观调控，按照特定的方向调整产业组织形式、产业布局等，能使供给结构有效地适应需求结构的变化，是政府为了实现一定的经济和社会目标而对产业的形成和发展进行干预的各种政策的总和。产业政策是国家对经济进行宏观调控的重要机制，它能够弥补市场自我调节的缺陷，有效配置资源，使社会经济处于一定的稳定状态。

产业政策对产业蜕变的作用体现在产业的方方面面，产业政策的导向直接影响着产业的未来发展。从静态角度分析，产业政策包括产业结构政策、产业组织政策、产业技术政策和产业布局政策。从动态角度分析，产业政策主要通过财政、金融、行政和法律等手段来影响产业发展。

(6)市场结构

市场结构主要包括企业集中度、产品差别化、进入和退出壁垒，这三个方面相互作用，共同影响企业蜕变步伐。第一，企业集中程度越高，生产成本也就会越低，而且产业集中度的提高，能够在很大程度上加快技术进步，推动企业升级，从而进一步提升产业在整个行业中的竞争力；第二，产品差别化能提供与众不同的产品和服务，满足顾客特殊的需求，形成竞争优势，这样就能在很大程度上提高市场占有率，而且为了防止替代品的出现，企业必定会不断改进产品生产技术，这样可以促进企业的升级转化。第三，进入壁垒对企业规模以及企业的分布等方面都有着非常重要的影响，还对企业的市场竞争力产生影响，进而对企业蜕变发生影响。存在一定程度的进入壁垒可以有效避免不良竞争，能够带来竞争秩序的稳定，有利于企业的发展。

2.2.3 企业蜕变的基本途径

科技进步能够使生产方式发生变革，由于消费方式是由生产方式决定的，所以生产方式的变革会导致消费方式的改变，消费方式是生活方式的重要内容，消费方式的变化会引起生活方式的变化。科技、生产方式、消费方式这些因素的变化使得消费者对市场上产品的种类、质量、功能要求日益提高，企业必须加大技术研发投入，不断改进产品生产工艺，提高产品质量和功能，才能适应不断变化的市场需求，这就促使企业不断发生蜕变，从而带动企业的整体变革。

(1)科技、生产方式、消费方式等因素的变化是引起企业蜕变的动力因素

随着科技的进步，生产方式发生变革，消费方式和生活方式不断变化，导致人们对消费产品的数量、种类及功能的要求发生变化。在市场中，消费者的需求决定了企业的生产。企业要想生存就必须不断满足消费者对产品的需求，对产品进行更新换代，对技术进行改进，企业向更高的层次发展；如果产品到了无法满足消费者需求的程度，产品就面临淘汰，以这种产品为主导产品的企业就会发生衰退，导致整个企业的衰退。

(2)产品蜕变是企业蜕变的基础

引起产品发生蜕变的原因是多种多样的，原材料的变化、技术的进步、生产工艺的改进都有可能导致产品质量、性能、产品结构发生质的变化。随着高新技术的发展，越来越多的高精尖技术应用到传统材料的生产过程中，必然带来产品的结构、性能、质量发生质的变化。落后技术生产的产品将面临被淘汰的危险，会在市场上消失。市场上产品的蜕变会逐渐影响整个企业的发展趋势，从而逐渐导致企业发生蜕变。

2.3 二次创业理论

2.3.1 二次创业的概念

由企业生命周期理论引出企业蜕变理论，其实企业实现蜕变、变革的过程可以总结为再次创业的过程。如果将企业的第一次初创作为首次创业，那么它的第一次蜕变可以定义为二次创业。对于二次创业的定义，在企业生命周期研究领域中还没有十分统一的定义。本书将二次创业定义为：企业在生命周期理论指导下，经过一次创业并取得高速发展之后，为了谋求进一步发展，使自身适应市场竞争的要求，适应技术发展的趋势，摆脱陷于死亡和衰退的灾难而进行的内部自我变革过程。其目的在于充分利用在第一次创业过程中所积累下来的资金、技术、人才和管理经验等企业资源，进行资源的优化组合，营造企业发展的核心竞争优势，提高企业的环境适应能力，保证企业的持续发展。二次创业是企业发展到巅峰时期并走向衰败阶段必然面临的问题[8]。而二次创业能否成功，直接关系到企业能否取得持续的发展。

具体地讲，“二次创业”的概念包含四层含义：

①“二次创业”并非真正意义上的创业，它是企业发展生命期内的一次变革，是促使企业从无序发展转向有序发展、从非正规化经营转向正规化经营的一次全方位的企业变革，可能既涉及企业的“硬件”更新，如改变组织结构，又涉及企业的“软件”升级，如转变思想观念。

②第一次创业所积累的企业资源是第二次创业的基础，在第二次创业期内，不可脱离这一基础以及在第一次创业期内形成的竞争优势。

③“二次创业”的时间点应该选择在民营企业跨越了初始创业期后进入成长期时，应在成长期的前期。

④“二次创业”的目的是确立和巩固自己的竞争优势，增强对市场环境的适应力，以促进企业持续增长[9]。

2.3.2 二次创业的特征和基本条件

根据企业生命周期理论及二次创业的定义，我们可以得出二次创业的一些基本特征。

(1)创新是二次创业的灵魂

二次创业是以现代管理和现代技术等为手段，以市场竞争的推动力为基础动力来源，其基本标志性特征是创新，包括技术创新和管理创新等。通过每一次创新，企业突破原有的阻碍，跳出发展陷阱，避免企业继续走向衰败。没有创新，企业的再次发展、再次腾飞就无从谈起，因此创新是二次创业的基本特征，也是二次创业的灵魂。

(2)发展是二次创业的关键

首次创业企业集中考虑的问题是如何生存，经过一段时间的艰苦奋斗，有些企业不但生存下来，而且还不断发展壮大。当这些企业具有了相当的规模，市场份额不断增加，品牌知名度提高，效益良好时，就标志着这些企业取得了一次创业的成功。但是在企业壮大的同时，企业内部开始暴露出不相适应的矛盾和问题。如何使企业继续保持发展势头，并在原有的基础上使企业再上一个台阶就是二次创业主要解决的关键问题，所以二次创业的特征就是带领企业寻求新的发展。

(3)科学化、规范化管理是二次创业的主要内容

首次创业时期，企业往往会形成非理性的、不规范的管理模式。依靠几个主要创业者的能力和眼光把握机会，获取成功，但这些人的特殊才能也只能是在一定时间和范围内有效。随着企业人数的增加，人情关系的激励和约束作用

也渐渐变小，许多危机和问题迅速出现：决策缓慢并出现失误，企业无法持续地获得顾客，丧失许多发展的好机会，并逐渐失去原有市场份额。二次创业就是在企业已有的基础上，进行管理的科学化，制度的规范化，不断挖掘内部潜力，以求得可持续的进一步发展。

因此，二次创业需要企业符合一定的基本条件才能进行。

①企业要有一定积累。二次创业往往都是在首次创业的基础上进行的，是基于公司一定的积累进行的，这些积累包括资金、人力资源及运营、销售、管理经验等各个方面的积累。二次创业是在企业已有的积累上进行的。

②企业发展刚刚步入衰退期。二次创业也要根据企业生命周期理论，科学地选择创业时机。如果企业还处在良好的高速发展阶段，市场需求也十分旺盛，这种情况就不适合进行二次创业，因为这个时期企业的资源都消耗在扩大市场、开发客户等方面，没有多余的资源进行二次创业，而且二次创业的动机和合理性都比较弱。相反，如果企业经营已经日落西山，进入衰退期的晚期，那根本就没有剩余的资源可以进行再次创业，并且企业的组织团队很有可能由于企业的不景气开始出现松动、瓦解现象，这种情况下进行二次创业无异于加速企业的死亡。因此，二次创业应选择企业度过巅峰期，刚刚进入衰退期的这个阶段进行。

③企业内部强烈的共同意愿。企业的二次创业是企业由上到下的一次全面变革，会牵涉企业各方面的利益，也有可能会损害某些员工的个人利益，需要企业员工共同承担一定的风险。这些方面管理者都要有清醒的认识，因为革新、创新都存在风险，有可能遭遇失败，不是每个企业的二次创业都能够取得成功，它也有可能加速企业的衰落。因此，二次创业需要全体员工团结一心，共同克服困难，义无反顾地推进二次创业的坚决执行，只有这样才能使二次创业获得成功。

所以，企业只有根据对企业生命周期的准确判断，充分审视企业二次创业的特征和条件，才能正确指导企业进行科学的二次创业，增加成功的把握。

2.3.3 二次创业与一次创业的区别

二次创业是对于较早发展起来、目前已经完成了原始积累的民营企业而言的，是企业向更高层次过渡、取得更大的发展及在市场体系中维持一席之地的必经之路。而二次创业的核心任务不仅仅是提升品牌、提升商誉，谋联合、上规模、降成本，消除过度竞争，还要建立科学管理体系，健全现代企业制度，提升经济结构，着眼布局更大市场。总之，就是要以专业化整合为主题，以扩大规模向全球市场布局为思路，以品牌创建为灵魂，在人才储备、产品研发、渠道建设等方面做广做深。因此，二次创业与一次创业存在着极大的差异。表 2.1 对一次创业与二次创业在目标、途径、因素和成长关键等方面做了一个简单比较。

表 2.1 一次创业与二次创业的比较

分类项目	一次创业	二次创业
企业目的	求生存	求发展
企业战略	市场领先	管理领先
管理方式	粗放型经营	集约型经营
实现途径	良好环境的创造	现有潜力的发挥与科技的投入
管理特点	家长制	制度管理
关键	个人素质	群体素质

同时，民营企业二次创业与企业重组、企业再造等概念有较大的差别。首先，企业二次创业不同于企业重组。企业重组这一概念普及于 20 世纪 80 年代美国企业的重组运动，到 20 世纪 80 年代初，美国大公司的规模基本都比较庞大，业务呈现多元化。后由于其他国家公司强有力的市场竞争，尤其是日本公司的崛起，使美国公司不得不开始重新思考原有的经营理念，并在美国市场上掀起一股企业重组浪潮。许多企业纷纷通过股权剥离、股权出售等方式精简自己的业务结构，缩减企业规模，重新回到原有的核心业务，这是企业重组原有的

概念。但在此后，这一名词被用于企业经营管理的许多领域，例如组织结构的调整等，其包含的内容也在不断扩充。企业二次创业与企业重组在内容上可能有一些重叠，但两者有根本性的差别：企业二次创业要完成的主要任务是使一个非正规企业转向正规企业，以保证在成长期及以后的稳定期有足够的持续发展张力和随着不断扩大的组织规模而不断增强的管理能力，而企业重组的目的是使一个成熟的企业保持活力和市场竞争力。另外，企业二次创业也与企业再造不同，企业再造也称企业业务流程再造，即对业务流程从根本上进行再思考和重新设计，使企业的业绩取得显著的增长，它强调的是业务流程方面，即企业各种业务的运行规则。因此，企业再造追求的是效率和成本，也就是说，通过业务流程的创新重置，提高运作的效率，降低运作成本，从而提高企业的市场竞争力。企业二次创业在追求正规化、结构化的部分与企业再造有一些相似的地方，但二次创业的概念范围比企业再造更广泛，还涉及企业战略、管理者等领域。而且，相似的部分还是有一定差别，二次创业要求把业务流程进行正规化、程序化和制度化，它基本上没有脱离原有的业务运作基础，而企业再造是指把企业原有的流程进行全面的重新梳理，从新的角度思考、设计。上述的比较有助于更清晰地理解企业二次创业的概念，避免在实践中出现把任何涉及改变企业经营管理的事情均理解为二次创业的现象。

2.4　风险管理理论

2.4.1　风险管理理论的含义与发展

(1)风险管理的含义

所谓风险管理是指经济单位对可能遇到的风险进行预测识别、评估、分析，并在此基础上有效地处置风险，以最低成本实现最大安全保障的科学管理方

法。要正确理解上述定义,就应注意以下几点:

第一,风险管理的主体是经济单位,即个人、家庭、企业或政府单位。由此可知,风险管理这个概念的外延很大。

第二,风险管理是由风险的预测、识别、评估、分析、处置等环节组成的,是通过计划、组织、指导、控制等过程,通过综合、合理地运用各种科学方法来实现其目标。

第三,风险管理以选择最佳的管理技术为中心,要体现成本效益的关系。

第四,风险管理的目标是实现最大的安全保障。

第五,人们通常所说的风险管理是狭义的风险管理,即专指企业风险管理。

(2)风险管理的产生与发展

风险管理问题最先起源于第一次世界大战后的美国。1931 年美国管理协会首先倡导风险管理,并在以后的若干年里,以学术会议及研究班等多种形式集中探讨和研究风险管理问题。风险管理问题逐渐得到了理论探讨和一些大企业的初步实践,但风险管理问题真正在美国工商企业中引起足够的重视并得到推广则始于 20 世纪 50 年代。1963 年,美国出版的《企业的风险管理》,引起欧美各国的普遍重视。此后,对风险管理的研究逐步趋向系统化、专门化,使风险管理成为企业管理中一门独立的学科。

美国的风险与保险管理协会和美国风险与保险协会是美国最重要的两个风险管理协会。英国建立有工商企业风险管理与保险协会。风险管理协会的建立和风险管理教育的普及,表明风险管理已渗透到社会的各个领域。风险管理方面的课程及论著数量大增。协会的活动为风险管理在工商企业界的推广、风险管理教育的普及和人才培养诸方面做出了突出的贡献,促进了全球性风险管理运动的发展。1986 年 10 月在新加坡召开的风险管理国际学术讨论会表明,风险管理运动已经走向全球,成为全球范围的国际性运动。

近年来,人们在工程项目管理中提出了全面风险管理的概念。全面风险管理认为，风险管理是一个动态的过程，应运用系统的方法对风险进行控制，以减少工程项目实施过程中的不确定性。项目管理者必须树立风险意识，防患于未然，要在各阶段、各个方面实施有效的风险控制，形成一个全过程、全风险、全方位、全部门的风险管理体系。

2.4.2　风险管理过程与措施

风险管理过程可以分为四个步骤：识别风险、衡量风险、管理风险、风险监控，如图 2.4 所示。

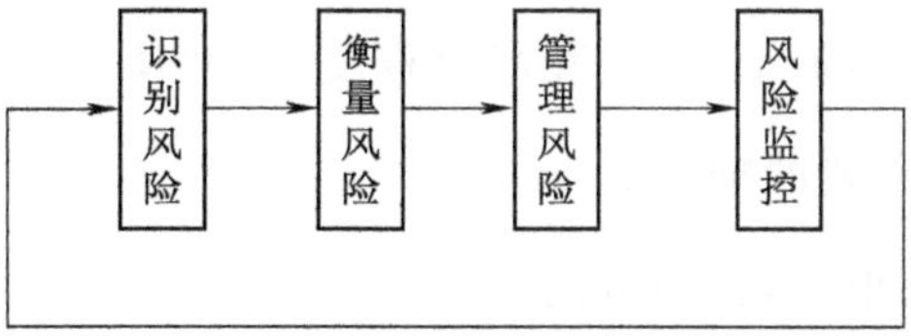

图 2.4　风险管理的过程

由图 2.4 可知，整个风险管理过程是一个闭环系统，随着风险处置计划的实施，风险会出现许多变化，这些变化的信息可及时反馈，风险预测和识别者就能及时地对新情况进行风险评估和分析，从而调整风险处置计划并实施新的风险处置计划，这样循环往复，保持风险管理过程的动态性就能达到风险管理的预期目标。

(1)识别风险

识别风险就是对将来可能发生的风险事件的一种设想和猜测。主要的工作是确定可能影响项目实施的风险并记录风险的特征。

一般而言，风险可以分成以下几类：

第一，技术风险。如果项目采用了复杂或高新技术，或采取了非常规方法，就可能存在潜在问题。另外，如技术目标过高、技术标准发生变化等也可造成技术风险。

第二，管理风险。比如进度和资源配置不合理、项目管理的基础原则使用不当等就可能造成管理风险。

第三，组织风险。常见的组织风险主要包括组织内部对目标未达成一致、高层对项目不重视、资金不足或与其他项目有资源冲突等表现形式。

第四，外部风险。比如法律法规变化、项目相关合作方的情况发生变化，这些事件往往是不可控制的。但是，有些不可控制的“不可抗力”不作为风险，因为这些事件往往作为自然灾难进行防御。

从经验角度看，风险识别是进行风险管理的重要一步，但常被人们忽视，以致夸大或缩小了风险的范围、种类和严重程度，从而使对风险的评估、分析和处置发生差错，造成不必要的损失。

风险识别的方法很多，目前常用方法如下：

第一，德尔菲法。德尔菲法又称专家调查法，它起源于20世纪40年代末期，最初由美国兰德公司首先使用，很快就在世界上盛行起来，现在此法的应用已遍及经济、社会、工程技术等各领域。用德尔菲法进行项目风险预测和识别的过程是由项目风险小组选定与该项目有关的领域和专家，并与这些适当数量的专家建立直接的函询联系，通过函询收集专家意见，然后加以综合整理，再匿名反馈给各位专家，再次征询意见。这样反复经过四至五轮，逐步使专家的意见趋向一致，作为最后预测和识别的根据。在运用此法时，要求在选定的专家之间相互匿名，对各位专家的反应进行统计处理并带有反馈地征询几轮意见，经过数轮征询后，专家们的意见相对收敛，趋向一致。我国在20世纪70年代引入此法，已有不少项目组采用，并取得了比较满意的效果。

第二，头脑风暴法。所谓头脑风暴法，就是以专家的创造性思维来索取未来信息的一种直观预测和识别方法。此法是由美国人奥斯本于1939年首创的，从20世纪50年代起就得到了广泛应用。头脑风暴法一般是在一个专家小组内进行。以“宏观智能结构”为基础，通过专家会议，发掘专家的创造性思维来获取未来信息。这就要求主持专家会议的人在会议开始时的发言应能激起专家们的思维“灵感”，促使专家们感到急需回答会议提出的问题，通过专家之间的信息交流和相互启发，从而诱发专家们产生“思维共振”，以达到互相补充并产生“组合效应”，获取更多的未来信息，使预测和识别的结果更准确。我国20世纪70年代末开始引入头脑风暴法，很快就受到有关方面的重视和采用，按照头脑风暴法来组织专家预测和识别会议。

第三，情景分析法。情景分析法是由荷兰皇家壳牌集团的科研人员沃克于1971年提出的。它是根据发展趋势的多样性，通过对系统内外相关问题的系统分析，设计出多种可能的未来前景，然后用类似于撰写电影剧本的手法，对系统发展态势做出自始至终的情景和画面的描述。当一个项目持续的时间较长时，往往要考虑各种技术、经济和社会因素的影响，对这种项目进行风险预测和识别，就可用情景分析法来预测和识别其关键风险因素及其影响程度。

情景分析法对以下情况是特别有用的：提醒决策者注意某种措施或政策可能引起的风险或危机性的后果；建议需要进行监视的风险范围；研究某些关键性因素对未来过程的影响；提醒人们注意某种技术的发展会给人们带来哪些风险。情景分析法是一种适用于对可变因素较多的项目进行风险预测和识别的系统技术，它在假定关键影响因素有可能发生变化的基础上，构造出多重情景，提出多种未来的可能结果，以便采取适当措施防患于未然。情景分析法自20世纪70年代中期以后在国外得到了广泛应用，并产生了一些具体的方法，如目标展开法、空隙填补法、未来分析法等，一些大型跨国公司在对一些大项目进行风险预测和识别时都陆续采用了情景分析法。

需要注意的是，风险识别贯穿整个项目实施的全过程，而不仅仅是项目的开始阶段。可能的风险包括各种内部因素和外部因素，在识别风险的同时，需要辩证地分析其负面效应（即风险带来的威胁）和正面效应（即潜在的机会）。

(2)衡量风险

衡量风险就是在进行风险识别并整理后,必须就各项风险对整个项目的影响程度进行分析和评价,确定风险与风险之间的相互作用以及潜在的一系列后果,同时还需要确定风险的重要性和处理风险的优先次序。其目的就是估计风险发生的概率和对项目的影响力,对重大风险进行重点管理。风险发生概率可以用数学模型、统计方法和人工估计进行分析。风险的影响力是指风险发生后对项目的工作范围、时间、成本质量的影响。

衡量风险的方法主要包括故障树分析法、外推法等。

第一,故障树分析法。故障树分析法是美国贝尔电话实验室的维森于1961年首先提出的。我国于1976年开始进行介绍和研究这种方法,并随之应用于许多项目中,取得了不少成果。这是一种具有广阔应用范围和发展前途的分析方法。故障树是由一些节点及它们间的连线所组成的,每个节点表示某一具体事件,而连线则表示事件之间的关系。这是一种演绎的逻辑分析方法,遵循从结果找原因的原则,分析项目风险及其产生原因之间的因果关系,即在前期预测和识别各种潜在风险因素的基础上,运用逻辑推理的方法,沿着风险产生的路径,求出风险发生的概率,并能提供各种控制风险因素的方案。故障树分析法具有应用广泛、逻辑性强、形象化等特点,其分析结果具有系统性、准确性和预测性。

第二,外推法。外推法是进行项目风险评估和分析的一种十分有效的方法,它可分为前推、后推和旁推三种类型。前推是根据历史的经验和数据推断出未来事件发生的概率及其后果。如果历史数据具有明显的周期性,就可据此直接对风险做出周期性的评估和分析,如果从历史记录中看不出明显的周期性,就可用曲线或分布函数来拟合这些数据再进行外推,此外还要注意历史数据的缺失性和主观性。后推是在没有历史数据可供使用时所采用的一种方法,由于工程项目的一次性和不可重复性,所以在项目风险评估和分析时常用后推法。后推是把未知的想象的事件及后果与已知事件与后果联系起来，把未来风险事件归结到有数据可查的造成这一风险事件的初始事件上，从而对风险做出评估和分析。旁推法就是利用类似项目的数据进行外推，用某一项目的历史记录对新的类似项目可能遇到的风险进行评估和分析，当然这还得充分考虑新环境的各种变化。这三种外推法在项目风险评估和分析中都得到了广泛的采用。

此外，我们应当明确，风险是一种变化的事物，基于易变条件上的预测和分析，是不可能做到十分的精确和可靠的。所有的衡量风险都只有一个目的，即尽量避免项目的失控和为具体项目实施中的突发问题预留足够的后备措施和缓冲空间。

(3)管理风险

管理风险就是通过制定相应的措施，来应对风险对项目可能造成的威胁，是风险控制中最直接、最关键的一个步骤。在管理风险过程中，需要对风险的正面效应(即潜在的机会)制定增强措施，对风险的负面效应(即可能的威胁)制定应付方法。对于不同的风险，需要根据其重要性、影响大小以及已经确定的处理优先次序，采取相应的措施加以控制，对负面风险的反应可以是尽量避免、努力减小或设法接受。另外，在处理风险时需要注意“及时性”，即在第一时间对各种突发的风险做出判断并采取措施；以及“反复性”，即对已经发生或已经得到控制的风险需要经常进行回顾，确保风险能够得到稳定长期的控制。

最常采用的应对威胁的几种措施是：规避、减轻、转移、接受。

第一，规避。通过变更项目计划消除风险或风险的触发条件，使目标免受影响。这是一种事前的风险应对策略。例如，采用更熟悉的工作方法、澄清不明确的需求、增加资源和时间、减少项目工作范围、避免不熟悉的分包商等。

第二，减轻。将风险时间的概率或结果降低到一个可以接受的程度，当然降低概率更为有效。例如，选择更简单的流程、进行更多的试验、建造原型系统、增加备份设计等。

第三，转移。不消除风险，而是将项目风险的结果连同应对的权利转移给第三方。这也是一种事前的应对策略，如签订不同种类的合同或签订补偿性合同。

第四，接受。不改变项目计划，而考虑发生后如何应对。例如制定应急计划或退却计划，甚至仅仅进行应急储备和监控，待发生时随机应变。

具体采用何种方式来应对某一风险，取决于该风险的风险值、拟采取应对措施的可能成本、项目管理人员对待风险的态度等各方面，不可一概而论。

风险应对计划是针对已识别的风险进行的，对于未来未知的风险，不可能预先制定相应的应对计划或应急计划。

(4)风险监控

风险监控是指对项目过程进行监控，检查风险控制的实际效果，评价项目的整体表现。

风险监控主要包括以下几方面的任务：

第一，在项目进行过程中跟踪已识别风险、监控残余风险并识别新风险，随着项目的实施以及风险应对措施的执行，对项目的各种影响因素处于不断变化的过程中，因此需要在整个项目过程中，时刻监督风险的发展与变化情况，确定伴随某些风险的消失而带来的新的风险并制定相应的处理措施。

第二，保证风险应对计划的执行并评估风险应对计划的执行效果。评估的方法可以是项目的周期性回顾、绩效评估等。

第三，对突发的风险或“接受”风险采取适当的权变措施。

第3章 山东省民营企业二次创业的现状分析

民营经济是经济运行中非常活跃的成分，是山东经济发展的关键推动力之一。民营经济作为宏观经济蓄水池、稳定器的作用凸显。根据山东省民营经济发展的“十四五”规划，预计到2025年，全省民营经济市场主体发展到1 500万户，民营经济增加值达到5万亿元左右。全省中小企业数量发展到450万户，规模以上中小企业新增1万家。并且，山东省将进一步支持民营企业主动融入国际产业链、供应链、创新链，推动产业合作由加工制造环节为主向合作研发、联合设计、市场营销、品牌培育等高端环节延伸，提升跨国经营能力和国际竞争力。因此，适应新时代百年未遇的重大机遇和挑战，实现新旧动能转换和转型升级发展，山东省民营企业的二次变革刻不容缓。

3.1 山东省民营企业发展的SWOT分析

应用SWOT分析技术，对山东省民营企业的竞争能力进行分析，可以明确民营企业的优势和弱点，扬长避短，充分发挥企业的竞争优势，使民营企业科学理性地认识所拥有的资源，把握企业资源的价值动因，深刻理解企业资源、企业核心竞争力、企业竞争战略和企业竞争优势的内在逻辑联系，确立企业发展的战略目标，积极构建企业核心竞争力，采用适当的竞争战略，使企业获得持续的竞争优势。

3.1.1 山东省民营企业发展的优势(Strength)

(1)民营企业已成为山东省经济发展的重要力量

山东省民营经济不断壮大，从市场主体数量、经济规模总量、税收支撑、就业保障等方面，为全省经济社会健康发展做出了积极贡献。截至2020年年底，全省实有民营经济市场主体总数达到1 169.8万户，比2015年年底增长94%；实有私营企业345.2万户，比2015年年底增长157%；中小企业数量达到360万户，比2015年年底增长142%，占全省企业总数的99%以上。2020年，全省民营经济实现增加值3.8万亿元，到2020年年底，全省个体私营企业累计承接就业人口3 700万以上。“十四五”期间，山东将鼓励民营企业通过“揭榜挂帅”等方式推进实施一批具有前瞻性、战略性的重大科技项目，加快突破制约产业高质量发展的“卡脖子”难题，省重点产业链建链、补链、强链项目不低于省级重大项目总数的50%，争取实现规模以上中小企业中有研发活动的企业达40%

左右，有研发机构的占比达 25%左右。同时，民营企业灵活高效的运营机制，敏锐的决策、执行体系，符合现代企业制度要求的产权安排和法人治理结构；最重要的市场导向机制，有利于民营企业避免走入短期行为的误区，有利于通过加快民营经济的发展促进社会、经济的和谐发展。

(2)民营企业转型升级成效显著，科技型民营企业快速发展

创新是民营经济的生命之源，也是民营企业持续快速发展的不竭动力。多年来，山东省民营经济通过坚持走自主创新的道路，不断开发出新技术、新工艺、新产品，在诸多领域里涌现出了一批又一批的全国名牌产品以及山东名牌产品，在诸多领域里不断开拓新市场、抢占新高地、创造新辉煌，不仅实现了自身的跨越式发展，也为全省经济的又好又快发展贡献了力量。截至 2020 年年底，全省民营企业和中小企业拥有省级以上企业重点实验室近百家，省级技术创新中心近 40 家。全省中小企业实施技术创新项目占全省的比重超过 70%。全省科技型中小企业入库数量达到 1.82 万家，高新技术企业达到 1.46 万家，国家小型微型企业创业创新示范基地达到 16 家，国家科技企业孵化器达到 98 家，建成省市级创业辅导基地 500 家，入驻企业 4.6 万家，从业人员 110 万人。部分规模大、科技含量高、经济效益好的民营企业在全省生物技术、新材料技术、微电子技术、精细化工行业等领域已形成了群体优势，其中不少项目填补了国内空白，技术已达到国际领先水平，列为国家级重点项目。

(3)民营企业的经营领域逐步拓宽，产业集群进一步壮大

为加快民营企业的发展进程，山东省依托资源优势，积极培育打造民营企业优势产业集群，经过整顿规范土地市场秩序和清理整顿各类开发区，山东省民营经济园区用地进一步规范，投资强度、产出效益和土地利用率不断提高，产业集群发展方兴未艾。大量产业特色鲜明、比较优势突出的产业集群应运而生，区域经济特色化、特色产业集聚化，成为经济发展的新趋势。根据山东省工业和信息化厅提供的数据，截至 2020 年年底，山东省已培育两批共 35 家省级

民营企业特色产业集群，集聚企业 3.86 万家，实现主营业务收入5 708.25亿元，税收 682.14 亿元，带动社会就业 127.64 万人，成为支撑山东省民营企业经济发展的强大动力。“十四五”期间，山东省将支持民营企业聚焦基础零部件及元器件、基础软件、基础材料、基础工艺、产业技术基础等五类事关国家安全和发展全局的基础核心领域，着力锻长板补短板，协同各方面资源，有针对性地开展基础研究、应用基础研究和共性技术研究。

(4)民营企业服务体系全面升级，特色平台加快搭建

截至 2020 年年底，全省拥有国家中小企业公共服务示范平台 49 个，带动各地建设省级示范平台 236 个。全省中小企业公共服务平台网络加快建设完善，集结形成 3 000 余家特色突出、功能健全、信誉良好的服务商(机构)，累计开展服务活动 3 万多次。面向实体开发区打造大中小企业融通型创新创业特色载体 9 家。启动实施数字化赋能专项行动，各类互联网信息发布平台加快搭建，企业应用数字化信息渠道更加便捷，全省“上云用云”中小企业超过 20 万家。广泛开展管理咨询、诊断和公益化服务，大力培训中小企业经营管理领军人才。

(5)民营企业面向外向型发展，民营企业竞争力明显加强

有效促动外向发展是民营经济积极迎接经济全球化挑战和全面提高发展水平的必然选择。山东省不断加强民营经济对外交流与合作，招商引资和市场开拓成效显著。山东省充分发挥地处改革开放前沿的区位优势，坚持“请进来”和“走出去”的战略方针。一方面，不断加大招商引资力度，吸引了一大批省内外、国内外客商来山东投资兴办民营企业；另一方面，积极引导民营企业参与国际市场开拓，支持企业从事外贸业务。近年来，山东省已有一大批具备条件的民营企业纷纷走出国门，直接参与日益激烈的国际市场竞争。在国内市场经济大潮的洗礼和国际市场激烈竞争的历练下，山东省民营企业的经济实力和综合竞争力不断提高，逐步成长为山东内外贸领域的一支生力军，成长为山东省经

济文化强省建设的不可或缺的重要力量。

3.1.2　山东省民营企业发展的劣势(Weakness)

(1)经营理念滞后,管理水平低下

经营理念直接决定着企业发展方向,超前的经营理念会拓展企业发展空间,提升企业发展层次;相反,经营理念滞后会抑制企业发展空间,限制企业发展层次。目前,山东省相当一部分民营企业经营理念滞后,在企业经营过程中缺乏市场意识和竞争观念,缺乏有效激励制度,许多个体私营业户受传统观念和小农经济思想的影响,习惯满足现状,小成即满,小富即安,缺乏开拓创新精神,对企业的发展缺乏长远规划,缺乏干大事业的胆略和气魄。工作缺乏计划性,随意性大,员工工作积极性和主动性的发挥受到了限制。

(2)民营企业科技水平较低,缺乏人才

目前,山东省民营企业以劳动密集型产业为主,产品主要是居民日常用品和农业加工品,技术含量不高。结果造成企业数量多、规模小、产业雷同。主导产业、主导产品不明显,产业特色和区域经济特色难以形成,区域产业雷同,低水平重复,造成了过度竞争。在产业链分工中,多数民营企业采用的是购买核心技术、依赖进口设备、吸纳产业转移的生产方式。它们在产业价值链中处于组装、加工等低端环节,较少参与研发、设计等技术含量和附加值都较高的环节[10]。

同时,部分民营企业家由于自身素质原因,不重视招贤纳士,满足于作坊式家族管理,有些民营企业则因给招聘来的人才以较低待遇而留不住人才。企业发展不是靠科学技术加强管理提高劳动生产率,而是靠压低员工工资和加大员工劳动强度,延长劳动时间,降低劳动保护和劳动保险水平等降低成本,致使许多人才和员工不愿到民营企业工作。

(3)民营企业产权结构单一，法人治理结构不够健全

部分民营企业沿用传统的家族制、单人业主制和合伙制等形式进行经营，其产权结构是单一主体，即多数是业主或家族所有自然人产权，基本上是所有者与经营者同一、所有权与经营权合一的状态。在这种一元化产权结构中，企业无法摆脱个人和家族而独立经营，企业的发展受到个人和家族的严重制约。管理也多以人治为主，缺乏健全的管理制度和科学的治理结构，其经营行为、决策行为缺乏科学性、民主性，难以形成有效的发展机制。

(4)融资存在困难，资金不足制约企业发展

民营企业融资难是一个十分普遍突出的困难，已经成为制约和阻碍民营经济快速发展的主要因素之一。原因在于：一是民营企业以中小企业为主，发展的稳定性较差，而抵押和担保制度尚未建立或不够完善，银行对其信赖度较差，因此，对贷款控制较严；二是对民间投资的限制和认识上的误区，使民间资金转化为民间资本的门槛较高，难度较大。目前大多数民营企业仍然是以亲友间相互借贷，以及各种集资为主要融资方式，既不规范，又限制融资规模，对民营企业改造和扩大规模具有一定影响[11]。

(5)缺乏健康的企业文化

很多民营企业在成长过程中存在诸多不适应现代市场经济要求、违背以人为本理念的企业文化。具体表现在以下方面：第一，浓厚的家族式经营色彩，个人独断专行，企业文化就是老板文化；第二，诚信危机，打擦边球、钻政策空子，违反游戏规则以致恶性竞争严重；第三，忽视激励，管理层与员工关系疏远，少有感情沟通，缺乏团队凝聚力，从而大大降低了员工的归属感，导致员工离职率过高；第四，管理者素质普遍不高，往往是大股东、法人代表、经营者集于一身，民主管理差；第五，缺乏完善的风险评估体系，经营决策缺乏必要的支持。企业内部缺乏必要的风险评估机制，导致了经营决策的失误。企业管理者普遍认为企业没有进行风险评估的必要。这样将导致公司面临更多、更复杂和更严重的

问题。这些问题如果不能及时解决，将会影响企业进一步做大做强，甚至在市场形势变化和经营风险加大时，直接给企业带来灭顶之灾。

3.1.3　山东省民营企业发展的机遇（Opportunity）

（1）新发展理念释放更多政策红利

新发展理念的全面贯彻落实，将推动民营经济和中小企业政策体系更加完善、新的支持政策陆续出台，为民营经济和中小企业优化升级，提升创新能力、竞争力和综合实力提供有力的政策保障。山东擘画了“七个走在前列”“九个强省突破”的宏伟蓝图，坚定不移推动新旧动能转换取得突破、塑成优势，民营经济和中小企业的发展环境、经济结构、体制机制持续向好。

（2）新发展格局创造更大发展空间

构建以国内大循环为主体、国内国际双循环相互促进的新发展格局，将为民营经济和中小企业带来国内国际双重市场资源和新的市场机会。山东省是全国经济大省和人口大省，产业发展均衡，实体经济基础雄厚，要素支撑条件优越，服务融入新发展格局优势突出，为民营经济和中小企业发展创造了有利条件。

（3）新一轮科技革命和产业变革催生发展新动能

“十四五”时期，新一代信息技术与制造业深度融合，将极大促进智能制造、创新设计、服务外包、电子商务等新模式快速发展；工业互联网作为新工业革命的关键支撑和深化“互联网＋先进制造业”的重要基石，将有力带动工业经济由数字化向网络化、智能化深度拓展；新能源新材料和节能环保技术突破，将使得低碳经济成为拉动经济增长的重要引擎；生物、能源、材料等多学科间更广泛地渗透、交叉、融合，将引发新的技术革命和产业变革。在由颠覆性创新而形成的新兴产业中，民营经济和中小企业将有更多的发展机会。

(4)改革开放带来发展新机遇

全面深化改革取得重大突破,以完善产权制度和要素市场化配置为重点的经济体制改革不断深入,将进一步破除民营经济和中小企业市场准入的各类障碍和隐性壁垒,完善支持民营经济和中小企业高质量发展的制度环境。黄河流域生态保护和高质量发展国家战略的推动落实,以及新旧动能转换综合试验区、中国(山东)自由贸易试验区、上合组织地方经贸合作示范区等重大国家战略叠加,集聚更多发展资源。对外开放新高地建设全面起势,山东邻近日韩,地理位置优越,现代化综合交通体系畅通完善,"一带一路"建设和区域全面经济伙伴关系协定、中韩自贸协定等为全省民营经济和中小企业带来新的国际化发展机遇。

(5)山东省民营企业发展的自然地理优势

首先,自然资源优势。山东省的自然资源禀赋条件较好,其矿产资源、海洋资源、生物资源以及水资源,均具有一定的开发基础。山东矿产资源种类多,储量大,质量优,分布广泛。全省已发现各类矿产128种,占全国已经发现矿产种类的78%。在已探明储量的74种矿产中,有30多种储量居全国前10位。山东是全国重要的能源基地之一。胜利油田是中国第二大石油生产基地,中原油田的重要采区也在山东,全省原油产量占全国1/3。山东境内含煤地层面积5万平方公里,兖滕矿区是全国十大煤炭基地之一。山东电力资源充足,山东电网是全国六大电网中唯一的省独立电网。山东海洋资源得天独厚,近海海域占渤海和黄海总面积的37%,滩涂面积占全国的15%。

其次,地理位置和交通优势。山东地处中国东部沿海,面积15.71万平方公里,东临浩瀚的黄渤海,西接广袤的中原腹地,南连江浙沪,北通京津塘,与日本、韩国隔海相望。山东是中国交通较为发达的省份之一,其中以公路交通为最。山东旅游交通主要形式为航空、铁路和公路,其次还有海运、内河水运等。济南、青岛、烟台、威海、潍坊、济宁等城市设有机场,其中济南、青岛、烟台机场为国际口岸。山东的航空企业有东航山东分公司、山东航空公司、山东省联合航空公司、山东航空三联公司等，开辟航线 176 条。山东铁路以京沪、胶济线为主体，与京九、菏兖石两线形成两纵、两横铁路干线，可通达国内主要旅游城市，旅游旺季还开通至香港、黄山、张家界等旅游专列。山东拥有港口 25 个，202 个泊位，其中万吨级泊位 54 个。国际开通至韩国、日本等航线，国内开通至上海、广州、大连等航线。

3.1.4　山东省民营企业发展的威胁(Threat)

(1)市场竞争更加激烈

国际环境发生深刻变化，叠加新冠肺炎疫情影响，世界经济深度调整，复苏乏力，全球有效需求不足，以民营经济和中小企业为代表的传统优势产业面临挑战。外部环境不稳定、不确定因素增加，单边主义、贸易保护主义、霸权主义抬头，部分国家逆全球化，产业链呈现收缩化、区域化特征，民营经济和中小企业参与国际产业合作和经贸合作的深度及广度受到严重威胁。国内经济持续回升的基础仍不稳固，经济增长内生动力释放不足，市场需求挖掘不够，在一定程度上制约着民营经济和中小企业的发展质量和速度。

(2)资源环境约束趋紧

全省资源环境承载能力已达瓶颈，生态环境保护压力持续加大，新兴产业发展不足，新旧动能转换任务依然艰巨。国家已明确碳达峰、碳中和时间进度表，绿色低碳成为刚性约束，降低碳排放强度、减少资源消耗、发展绿色经济是民营经济和中小企业的现实选择。部分中小企业资源利用率和经济效益较低，部分高耗能行业中的中小企业环境污染重、安全隐患多，推进节能减排、加快淘汰落后产能、加强安全生产和质量管理等任务十分艰巨。

(3)转型升级压力依然存在

一方面,全省民营经济和中小企业多数仍处于产业链中下游、产业层次中低端,产品附加值低、利润率低,品牌实力、产业链协同能力和市场影响力薄弱,缺乏进入新兴产业、构建新模式、打造新业态的经验和人才。另一方面,民营经济和中小企业发展短板比较突出,普遍缺乏规范的产权制度、法人治理结构和管理架构,部分企业主业不聚焦、目标路径不清晰,创新动力、创业活力不足,缺乏开放合作、共生共赢的理念,适应数字化、网络化、智能化发展的意识不强、能力不足,转型升级、跨越发展仍需付出巨大努力[12]。

(4)经营环境仍需优化

在市场准入、招投标、信贷融资等方面还没有完全做到国有和民营经济统一条件,经营环境需进一步优化。各级政府部门财政支持力度有待进一步加强,资金直达企业机制受益面还不够广泛。公共服务基础设施薄弱,公共服务平台体系不健全,服务能力和服务质量亟须提高。制约企业发展的机制因素仍然存在,需进一步深化改革,为民营经济和中小企业发展提供制度保障。

(5)融资渠道不畅,缺乏金融机构的信贷支持

目前,大部分民营企业缺少取得银行贷款的正规渠道,整个金融组织缺少面向民营企业特别是中小民营企业的民营商业银行,信用中介服务体系滞后;地方性、区域性产权交易市场融资活动受到禁止,民营经济很难得到金融机构的信贷资金支持。同时,在股票发行额度和选择上市公司的问题上,民营企业面临融资困难。

综上所述,山东省民营企业发展的SWOT分析见表3.1。

表 3.1　山东省民营企业发展的 SWOT 分析

优势(Strength)	机会(Opportunity)
(1)民营企业已成为国民经济中的重要力量 (2)民营企业转型升级成效显著,科技型民营企业快速发展 (3)民营企业的经营领域逐步拓宽,产业集群进一步壮大 (4)民营企业服务体系全面升级,特色平台加快搭建 (5)民营企业面向外向型发展,企业竞争力明显加强	(1)新发展理念释放更多政策红利 (2)新发展格局创造更大发展空间 (3)新一轮科技革命和产业变革催生发展新动能 (4)改革开放带来发展新机遇 (5)山东省民营企业发展的自然地理优势
劣势(Weakness)	**威胁(Threat)**
(1)经营理念滞后,管理水平低下 (2)民营企业科技水平较低,缺乏人才 (3)民营企业产权结构单一,法人治理结构不健全 (4)融资存在困难,资金不足制约企业发展 (5)缺乏健康的企业文化	(1)市场竞争更加激烈 (2)资源环境约束趋紧 (3)转型升级压力依然存在 (4)经营环境仍需优化 (5)融资渠道不畅,缺乏金融机构的信贷支持

3.2　山东省民营企业二次创业的现实性分析

为了适应新环境,企业必须通过一系列变革以保持竞争优势,实现企业的可持续发展,而这一系列的变革行为从本质上讲,就是企业的二次创业行为。然而,民营企业二次创业的出现并不仅仅是适应外部环境的变化,更有企业内部自身发展的需求。所以说,民营企业二次创业是外因和内因共同作用的结果。

3.2.1　巨大的竞争压力迫使民营企业二次创业

民营企业二次创业的外因主要包括:企业所处的宏观经济环境、市场环境和竞争状况。

(1)宏观经济环境

宏观经济环境方面,主要的变化有:第一,世界经济和中国经济进入产能过剩时期。不仅是发达国家,而且大量的新兴工业化国家和发展中国家,都面临着产能过剩的问题。过剩经济的出现势必要求中国企业,特别是民营企业开始转向结构优化和转型升级、提高企业整体素质的新阶段。第二,高新科技革命和知识经济的到来。当代高新科技的发展正在深刻改变着人类的生产方式和生活方式,成为社会发展的强大动力。高新科技和科技产业化的发展直接促进了知识经济的诞生。知识经济的产生是人类经济发展到一定阶段的必然产物,这个时期的知识积累或人力资本积累引起的内生技术的进步将成为经济增长的源泉。

(2)市场环境

宏观经济环境的变化给民营企业市场环境带来了机遇和挑战。高新技术的发展和经济全球化带来了资源的全球化配置。民营企业的发展不再受到时间和空间的限制,不再是局限在某一个区域内去寻找资源优化配置,而是从全球的角度去思考企业的发展问题。表现在企业具体经营过程中,包括:全球化采购、全球化营销、全球化选择人才等方面。所以,民营企业的发展将形成更为广阔的选择空间,这是机遇。挑战表现为经济过剩势必造成一些企业被淘汰,而一直处在价值链最底端的民营企业将会成为主要淘汰对象之一,这是挑战。面对机遇和挑战,民营企业都需要通过二次创业来把握机遇,迎接挑战。

(3)竞争状况

资源全球化利用带来的是竞争全球化。对民营企业来说,这意味着国际竞争的来临,意味着在未来的竞争中,不仅要接受来自国内同行的竞争,更要接受来自全球大型跨国公司的挑战。竞争激烈化的结果是企业利润的急剧下降,甚至会出现微利或无利状态。在这种情况下,实行二次创业以寻找突破是民营企业的必然选择[13]。

3.2.2　良好的创业氛围促使民营企业二次创业

近几年来，围绕民营企业的劳动关系、产权保护、企业家精神、经营环境、市场体制、资源配置等重大问题，得到越来越多的关注。2019 年 12 月，中共中央、国务院发出《关于营造更好发展环境支持民营企业改革发展的意见》，提出营造法治化、市场化、国际化的经营环境，把公平竞争、市场规律、改革创新、法治保障作为四个基本原则，目的就是为民营经济发展提供长期性、稳定性、系统性制度框架。近几年，山东省更是着力破解制约民营经济发展的突出困难和问题，不断优化发展环境，积极促进全省民营经济高质量发展，制定了《山东省人民政府关于促进全省民营经济加快发展的意见》(2010 年)、《山东省民营经济发展促进条例》(2021 年)、《山东省促进民营经济高质量发展 2022 年十大专项行动方案》(2022 年)等一系列促进山东省民营企业发展的政策措施，极大地激发了民营企业二次创业的激情。

3.2.3　民营企业自身发展需要二次创业

二次创业是相对较早发展起来的民营企业而言的，是已经完成了原始积累，有了一定规模的民营企业如何向更高层次发展，再树辉煌的问题。企业生命周期理论告诉我们，企业在生命周期的某一阶段，必须经过再生才能达到成熟，对民营企业来说，也有一个再生的过程，这个再生的过程就是二次创业。进行二次创业也是民营企业发展战略的正确选择。只有如此，民营企业才有希望走向成熟和健康可持续发展[14]。

3.3　山东省民营企业二次创业的内涵

创新是山东省民营企业二次创业的灵魂。山东省民营企业二次创业的内涵主要包括以下方面。

(1)观念创新

知识决定命运,观念创造未来。要以正确的心态和理念来把握企业发展中的成功和失败,理性看待自己的成就,不能存在一种忘乎所以的心理,否则会使企业发展置于一种危险境地。现代企业要求具备战略眼光的企业家,具有方向性的人才,这不仅仅靠企业家自身的学习和艰苦的实践,更重要的是建立一种创新的体制,培植企业家的成长土壤。

(2)战略目标和使命的确定

很多民营企业没有弄清楚自己要做或者应该做什么,战略的确定关系到民营企业的生死存亡,民营企业对重大的经营决策一定需要经过科学的可行性论证,对未来较长时期有一个很好的把握。

(3)企业制度的建设

民营企业主要是家族企业,家长制作风盛行。因此如何进行产权结构的重塑,引进外部高级管理人才,建立合理的治理结构,是目前民营企业面临的重大问题。当然,家族企业的社会化需要具备一定的社会条件,一些条件成熟的民营企业可以通过稀释股份,淡化家族制,通过引入授权制度,引进外部人才,建立合理的薪酬体制来完善自身制度建设。

(4)增强核心竞争力和进行品牌建设

核心竞争力的提出,为企业多角化经营和开创新事业领域提供了新的思路,核心竞争力的培育是企业获得长久发展的基础。当今企业的竞争日益表现为品牌的竞争,无形资产的竞争,民营企业应该逐渐在合作与实践的基础上建立自己的品牌。

(5)企业文化的建设

优秀的公司都有自己独特的企业文化。企业文化是在一定的条件下,企业生产经营和管理活动中所创造的具有该企业特色的精神财富和物质形态。它包括企业愿景、文化观念、价值观念、企业精神、道德规范、行为准则、历史传统、企业制度、文化环境、企业产品等。其中价值观是企业文化的核心。民营企业应构建起健康的、能长时间促进企业经营业绩增长的高层次企业文化。如塑造制度约束型企业文化、理念引导型企业文化和境界追求型企业文化等，从而使不同类型的企业文化不断发生质的变化，推进企业不断创新。

(6)打造规模经济

在二次创业过程中，有条件的企业可以通过兼并、联合、重组、参股等多种方式，做大做强民营经济，提高自己的竞争地位和竞争能力。但是也不可一味求大。国家应不断推出相关政策、法律，以便维护中小企业的发展权益和市场上平等竞争的地位。这些措施也为民营企业发展指明了前进方向，会对民营经济的腾飞、壮大起巨大的助推作用。

(7)利用本土优势力提升自己的竞争能力

中小企业掌握和运用好本地的风土人情，也等于掌握了一种资源，这是其他外地企业所不能比拟的自然优势。利用这种优势可以打造出诸多与众不同的特色产品，提升自己的市场竞争能力。

(8)产业结构转型升级

民营企业大都在拾遗补缺的行业，主要集中在技术水平要求较低的部门。如今民营企业具备了一定规模，有条件进入科技含量比较高的部门和行业，进行技术、产业结构的调整和提升。

第4章 山东省民营企业二次创业的制约因素与发展路径

民营企业二次创业需要民营企业凭借企业家的胆识、冒险精神和创新意识，采用一系列超常规运作方式，使企业实现新的持续健康的发展，顺利实现一次创业之后的再创业。山东省民营企业二次创业的制约因素如图 4.1 所示。

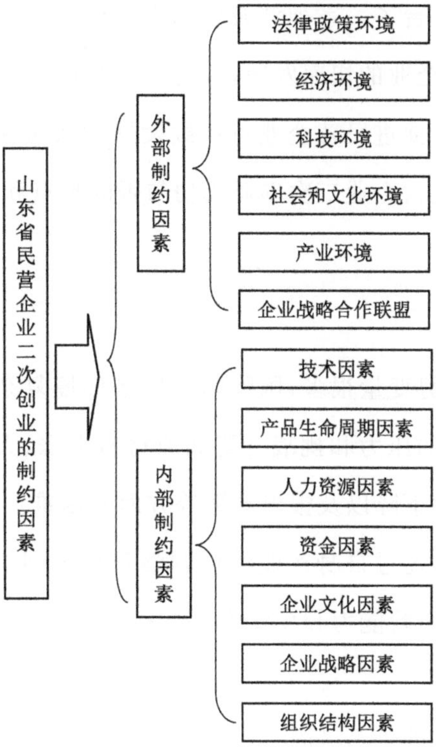

图 4.1　山东省民营企业二次创业的制约因素

4.1　外部制约因素

4.1.1　法律政策环境

法律环境对企业的经营活动具有一定的调节作用，同时对市场消费需求的形成和实现也具有一定的调节作用。其中经济法律法规的关系最为密切，它是为调整经济活动中的法律关系，发展社会生产力服务的。它是企业的行为规范。政策环境包括鼓励和限制企业经营的相关政策。法律政策环境是民营企业不可控的外部因素，只有适应这些环境的需要，使自己的行为符合国家政策、法规的要求，民营企业二次创业才能够顺利进行。

目前，国家已经出台了一系列涉及民营企业经营和发展的政策法规，极大地促进和规范了民营企业的快速发展，但其针对性和系统性仍然有待进一步提高。因此，进一步完善促进民营企业可持续发展的政策法规，切实改善民营企业的营商环境，成为民营企业二次创业成功与否的难点和重点问题。

4.1.2 经济环境

当前世界经济形势变量很多，国际国内经济环境复杂，山东省民营企业现在也遇到了前所未有的压力和挑战。譬如原材料上涨、人民币汇率升值、劳动力成本上升、出口退税下降以及银根紧缩等方面的困难。虽然大多数的民营企业都能积极应对挑战，通过自身产业结构调整和技术创新转变发展模式，以此来提高企业本身的抗风险能力和免疫力，但民营企业面临生存竞争的压力依然是个不争的事实。

(1)经济回升的基础仍不巩固

目前经济已经触底回暖并开始反弹，但基础仍然不巩固。首先，经济参考指标不够理想。判断经济是否回暖，通常有四个指标比较有参考价值。一是用电量，包括工业用电和生活用电。进入夏季后，社会用电量大幅增加，但至今工业用电量仍然没有达到过去的水平。二是港口集装箱的吞吐量。当前码头上存在较多集装箱空置现象，这表明海运复苏乏力。三是公路货柜车通行量。货柜车的通行量不如以前，说明省市之间物资交流不足，内需拉动不够。四是厂房闲置率。很多企业倒闭或外商企业撤离后，厂房仍在闲置。

(2)可用劳动力资源不理想

根据宏观经济规律，经济增长周期和就业变动周期并不同步。经济开始下滑，就业并不会立即大幅下滑，因为企业感到产品销售不畅时不会大量裁员。裁员滞后，就业问题就出现得晚。当经济开始回升，就业增长仍滞后。因为经济开始恢复时，企业先要挖掘现有人力资源的潜力，无可挖掘时才会招聘新人，就业增长又是迟缓的。

(3)需求不足

目前，我们正在构建以国内大循环为主体、国内国际双循环相互促进的新发展格局。我们要坚持供给侧结构性改革这个战略方向，抓住扩大内需这个战略基点，使生产、分配、流通、消费更多依托国内市场。外需仍需进一步挖掘潜力。外需没有好转的主要原因是新冠肺炎疫情条件下世界经济整体情况尚不理想。当前要稳住外需，但更重要的是扩大内需，生产、分配、流通、消费各环节必须进一步深度融入国际分工体系，厚植传统优势，增强领先优势，更好地利用国内国际两个市场、两种资源。

4.1.3　科技环境

技术创新能力弱、核心技术缺乏是山东省民营企业发展的又一软肋。从调查情况看，山东省民营企业的佼佼者，拥有专利等自主知识产权，产品或技术获省(部)级及以上奖的少之又少。核心技术能力薄弱，甚至没有核心技术，已成为山东民营企业的一个通病。山东的民营企业多数属于劳动密集型的中小企业，技术基础差、技术力量弱，普遍缺乏技术创新的人力、物力、财力和体制，一些企业技术依附于国有企业或大型企业，缺乏主动创新的能力和积极性，一些企业虽与大专院校、科研院所建立了关系，但联系松散，缺乏相应的技术支撑和信息沟通渠道。同时，大专院校、科研院所也缺乏对中小企业，尤其是为小型企业提供技术服务的积极性。

企业家是企业技术创新的倡导者、推动者，企业家的创新意识和创新思想直接影响着企业的技术创新能力，虽然山东民营企业技术创新走在全国的前列，但只是山东少部分民营企业的行为，大多数中小民营企业注重短期行为，创新精神不足。

4.1.4 社会和文化环境

社会文化环境是指在一定社会形态下形成的信念、价值观念、宗教信仰、道德规范、审美观念以及世代相传的风俗习惯等被社会所公认的各种行为规范。任何企业都处于一定的社会文化环境中，企业营销活动必然受到所在社会文化环境的影响和制约。为此，民营企业应了解和分析社会文化环境，针对不同的文化环境制定不同的经营策略。从社会经济文化的内在联系来看，在政治、经济、文化三大系统中，文化处于最高层次，起着统率和导向作用。社会经济的发展，必须有正确的方向和明确的目标，这就要高层次的文化导向来指导经济的发展。良好的社会文化环境，为经济发展创造了极为重要的条件。因此，不断完善社会文化环境成为民营企业二次创业的前提条件。

同时，民营企业的二次创业需要民营企业家具备非凡的风险承担勇气和创新的精神，二次创业成败的关键在于民营企业家的观念更新。如果企业经营者思想认识不到位，则很难实现二次创业，民营企业的文化再造也自然成为民营企业二次创业的重要内容。目前，个别民营企业家存在着二次创业的思想障碍。一是富而思稳、富而思守，个别民营企业在发展到一定规模和取得一定的成绩后就自我满足，不思进取。二是个别民营企业家缺乏合作意识，许多经营者不能辩证地看待竞争与合作关系，只看到企业间竞争的一面，没有看到合作发展的一面。在信息化、全球经济一体化和供应链管理迅速发展新时代，缺乏合作共赢的意识，忽视企业战略联盟的作用，必然会错失许多做大做强的机会，导致民营企业竞争力下降，甚至出现经营困难。

4.1.5　产业环境

近年来，山东省民营企业从规模到效益虽然都取得了明显成效，但与南方经济发达地区相比仍存在很大差距。一是民营经济在城乡发展极不平衡，目前山东省缺少有特色的专业化生产加工村社，大多数农民还未摆脱传统养殖业、种植业的束缚。而南方地区农村正是民营经济的主战场，具有一定生产工具和经营规模的大中型民营企业集团大部分分布在农村。二是民营企业规模不够大，龙头企业、新兴产业少，更缺少食品、化工等优势特色产业和环保等新兴产业。三是生产高科技、高附加值产品少。四是缺少有利的优惠政策。

4.1.6　企业战略合作联盟

企业需要承担来自技术、财务、管理等各方面的风险。对于现代企业来讲，追求创新、效益、速度与规避风险是永恒的主题。当企业的战略目标超过企业能力时，为了达到自身的战略目标，合作联盟成为必然。从企业要完成的战略目标角度可分为三种战略合作联盟。

(1)合作研究与开发联盟

开发新产品，提高自身产品的科技含量是企业产品价值创造的第一步，已成为企业发展的重要战略目标。产品研究与开发要求企业投入大量资源(包括技术、财力)，而且风险相当大。而联盟有利于集结各种资源，节省研究成本，分摊风险。可供选择的形式有交换技术信息、成立合作研发机构、建立共同标准联盟等。

(2)联合生产联盟

新的时代背景中，生产资源已经打破地域的界限，甚至可以在全球范围内重新配置。联合生产联盟使分散在不同企业中的最具有比较优势的生产力结合起来，完成产品的制造过程，使产品在范围更广的地域具有竞争力。可供选择的形式有产品品牌联盟、供求伙伴联盟等。

(3)市场开拓与发展联盟

产品在市场中的销售是其价值的最终体现。以联合销售为目标的战略联盟，使联盟一方利用另一方或双方相互利用对方的市场销售渠道销售自己的产品，资源共享，达到销售的规模效益。

现代意义的企业战略联盟的快速发展，也深受全球化浪潮的影响。全球竞争背景下，由于跨国经营的风险与进入壁垒加大，对经营提出更高要求。企业战略联盟更能突出体现合作创新的经营思想。

4.2 内部制约因素

4.2.1 技术因素

(1)企业技术创新要素短缺

第一，技术落后。主要表现在：首先，设备陈旧，传统产业的民营企业大多使用二手设备从事生产，离国际甚至国内先进水平都相去甚远。其次，对市场需求的应变时间严重滞后，不能及时有效地把握市场需求，不能成为市场需求产品的领跑者。再次，多数民营企业未充分重视技术创新活动，更没有设立专门负责技术创新的部门，缺乏实施技术创新的基础或平台，高新技术型民营企业在所有民营企业所占的比重更是严重偏低，不利于形成技术创新的良好氛围。

第二，人才匮乏。这里的人才主要是指具有创新意识且素质较高的企业经营管理者和技术人员。一方面，较多民营企业的经营管理者缺乏现代管理的经验，不具备创新意识和敏锐的市场感觉，不能有效地将创新所需的经济资源进行组合和配置，导致企业技术创新缺乏具体的实现形式。另一方面，由于民营企业所提供的工资待遇、福利水平较低，员工职业前景不明朗，无法与外企甚至许多国企相比较，导致民营企业的高科技人才引进困难重重与高流失率并存。

第三，信息闭塞。这里的信息不仅包括产品的供求信息，还包括技术信息、管理信息等。民营企业往往通过本企业的销售部门获取必要的供求信息，而对技术信息、管理信息等不够重视。同时，由于人才与资金不足，民营企业一般不能大规模、全方位地搜集新技术信息和建立自己的信息网络，因此往往很难及时捕捉有利于企业发展的动态信息。信息闭塞在很大程度上影响民营企业的技术创新，进而制约民营企业的持续健康发展。

(2)完善技术创新扶持政策

首先，在技术创新基础设施建设等方面的投入不足，造成创新项目的选择存在盲目性，导致企业仍然没有成为真正意义上的技术创新主体。

其次，民营企业迫切需要技术创新的良好外部环境。科技开发贷款政策、技术开发经费融入成本政策、科技人员奖励政策、减免税政策、产业政策、融资政策等是影响民营企业技术创新的重要方面。

再次，教育科研体投入不足，使创新型人才短缺，教育、科研、企业之间的合作不够密切，即产学研脱节。

4.2.2　产品生命周期因素

根据产品生命周期理论，民营企业要依据生命周期各阶段不同的特征、问题和影响因素，全面地选择解决问题的方法和战略，有针对性地采取措施。

(1)孕育期的企业与环境博弈及风险。这一阶段企业可塑性强，主要根据创业者的意图来规划，这个意图又将对企业未来的发展产生巨大影响。企业孕育期如果遇到萧条的经济环境或者市场经济不发达的地区，则成为创业空想的可能性较大。此时最重要的是企业创办者对未来企业的设想和对市场趋势判断的准确性上，如果创办者想法不切实际，孕育期的企业就可能胎死腹中，成为创业空想。

(2)初生期的企业与环境博弈及风险。企业在这一阶段充满着“管理的悖论”。从组织结构看，其组织体系虽然不完善，但是由于人少或者以创业者为主导，却达到了组织要达到的目的——灵活、高效率。从市场营销体系来看，企业产品品种少，但是由于创业者直接参与产品设计、营销、定价等，产品更新反应迅速。从企业文化来看，虽然企业还未形成企业文化，还未树立起品牌，但由于企业明显带有创业者个性，创业者之间能够团结一致，凝聚力强。从创业者自身来看，创业者满怀抱负，创造性和冒险精神充足。

(3)成长期的企业与环境博弈及风险。企业经过一段动态平衡发展过程后，内部形成满足外部的能力。企业开始由小到大、实力逐步增强。外部对企业的消极风险压力得到缓解。创业者们因为初步的创业成果而投资信心和欲望大增，进而偏好风险。有些企业开始面临着多元化的问题。多元化如果运用不好，会导致企业资源分散、财务风险加大。企业可能会面临的最大困难就是资金不足。

(4)成熟期的企业经济效益提高，规模不断扩大，产品多样化，并形成了品牌。企业组织体系完善，企业各种规章制度应有尽有。但是组织间开始出现权力冲突和利益冲突，规章制度形不成约束力。这就形成了所谓内部负压。在内外压力的共同作用下，企业可能发展速度减慢，创新精神减退，思想趋于保守。如果不能及时解决这个问题，企业就会走向衰退期。

(5)衰退期的企业对外部环境的反应能力降低，不能适应行业环境的变化，不能适应科技进步的变化，从而使企业面临淘汰的危险。企业“躯体老化”，包括硬件的老化(如设备老化等)和软件的老化(组织系统老化、思维观念老化、决策模式老化、技术老化等)，企业内部“疾病增多”。

因此，生命周期理论对民营企业因势利导，及时开展二次创业具有重要的指导意义。

4.2.3 人力资源因素

从目前情况来看，民营企业的人力资源管理不完善是严重制约企业发展的一个重大问题，严重阻碍了民营企业的进一步发展。

(1)家族式管理，缺乏科学的人才引进机制

传统民营企业对人才的招聘、选拔、任用，几乎都由企业所有者决定，“人治”的成分居多。传统家族式人力资源管理成本少、道德风险低、逆向选择小等特点激活了民营企业的生长力，成为推动民营企业蓬勃发展的主导性因素。随着企业的发展，如果过分依赖家族式人力资源管理模式就会引发人才持续性增加的需求与家族式单一的供给之间的矛盾，从而形成人力资源的内耗和浪费。这样民营企业就很容易陷入人才流失加速，而无法吸引外来人才的恶性循环，直至危及企业的长远发展。

(2)人力资源管理水平低

受各种因素的制约，民营企业中绝大多数企业缺乏完整科学的人力资源开发计划，对员工的任用、培训随意性较大。此外，许多民营企业缺乏人力资源管理的工作分析和编制工作的说明书，造成人员配备不够合理。

(3)缺乏有效的个体激励机制

企业要想获得持续的发展，最关键的问题是必须吸引并留住更多具有丰富人力资本的人才。在生存权利满足的条件下，员工还具有个体发展的需要。希望得到领导的赏识和重用，受到他人的认可和尊重，有学习和发展的机会，获得情感上的释放或满足等。但在民营企业里，普遍存在两方面问题：一方面，部分民营企业过于依赖组织中的管理制度和管理程序来约束员工完成的任务。为此甚至延长劳动时间而不计加班报酬，或者剥夺员工公休假的权利，造成员工内动力不足，积极性不高。另一方面，在激励手段的运用上，较多采用加薪方

法，认为只要员工的薪酬提高了就可最大限度地发挥其潜能，而没有考虑员工的精神等方面的高层次需求。

4.2.4 资金因素

融资环境方面，民营企业面临资金紧缺、融资难问题，这严重阻碍了民营企业的扩大发展和二次创业。首先是贷款难。银行和其他金融机构的贷款是民营企业最大和最主要的外源性融资渠道。但是，有些民营企业在获得银行和其他金融机构的债务融资时比较困难。除了由于其信息不对称和道德风险问题严重外，还因为中小民营企业对资本和债务需求的规模较小，导致银行或其他金融机构向中小企业贷款的单位资金量的监管成本较高，使得对民营企业“惜贷”成为银行的合理选择。其次是直接融资渠道不畅。在正式的资本市场上发行股票有一个最低资本规模要求，该要求通常高于家族式管理民营企业的资本需求，在市场上挂牌的费用对小额的发行者来讲也过高[15]。

深入分析造成这些问题的原因，主要包括以下方面：

(1)银行金融机构体系方面

国有商业银行长期担负着为国有经济提供金融服务的任务，追求安全性和收益性，因而其对中小民营企业的贷款有一定的要求。

(2)非银行金融机构体系方面

目前，证券市场基本上未向民营企业开放。绝大部分民营企业受各种条件的影响，与《中华人民共和国公司法》规定的上市条件相差甚远，自然被股票市场拒之门外。债券市场也基本很少对民营企业开放，大部分民营企业不具备发行企业债券和公司债券的资格与条件。

(3)民营企业的融资拓展方面

出于对贷款责任的担心，金融部门对民营企业的贷款数额、贷款手续、抵押条件都有较为严格的监管措施。

4.2.5　企业文化因素

民营企业的发展起步较晚，企业文化建设不够完善，不确定因素很多，总结起来有如下几个问题：

（1）山东省民营企业文化建设总量不足

民营企业中除少数大型民营企业对企业文化建设很重视外，大部分民营企业特别是中小型民营企业对企业文化内涵和功能的理解不够透彻，更加不要说加大对企业文化建设的投入了。

（2）二次创业型的企业文化变革使民营企业文化建设任重道远

当前，山东省民营企业基本处于由第一阶段发展时期向第二阶段发展时期转变的阶段，即所谓二次创业阶段。继续生存并发展壮大的民营企业得到了更好的发展机会，他们已经意识到必须由以前的粗放式管理向科学化管理转变，大规模的企业变革需要文化变革作为支撑，特别是新一代的高素质、年轻、充满激情的民营企业家的崛起，更是民营企业文化建设的推动者。

（3）企业家精神与职业化文化之间的博弈是当前民营企业文化建设的难题

大部分民营企业管理模式处于人治阶段，企业家决定了企业的主要管理模式，出现个人精神等于集体精神的现状。从企业发展阶段分析，这种现状的存在有其合理性，由经验管理、科学管理、文化管理逐渐提升是一个企业的必然发展阶段。

但这种现状正在逐渐被改变，职业经理人团队的加入，使得原来单一的“人治”文化出现了微妙的变化，职业经理人所带来的新理念、新管理模式，逐渐改变了原来单一的以企业家为首的管理模式，因此文化管理模式也就随着加入了更多新的管理因素。在此过程中，存在着许多管理的博弈，例如企业家与职业经理人之间，新员工与老员工之间，新老管理模式之间，无论在理念上、管理工具上、管理模式上，都存在着诸多的差异，他们之间的这种博弈，关键因素是企业家对未来的战略性思考，对变革的果断性，以及职业经理人对中国式管理的理解程度，如果这些因素能够协调发展，那么文化变革就能够取得成功。

4.2.6 企业战略因素

民营企业缺乏对企业战略科学合理的规划。企业在发展过程中，战略是至关重要的，因为它是解决企业的发展方向、发展目标以及为达到预定目标所需要的资源搜寻与整合。如果企业没有目标，企业发展就失去了方向，在充满诱惑而变化莫测的市场竞争中，企业要想不断发展壮大几乎是不可能的。

大多数民营企业共同的特点就是：企业发展到一定规模，手中有了一定的资本积累时，在市场各种诱惑面前往往会迷失方向，什么钱都想赚，盲目扩张，结果在企业核心业务尚未巩固、壮大的情况下，盲目向非核心业务扩张，使企业最终陷入困境。成功的企业则不然，它首先要确定企业的发展战略，接着在企业发展战略的框架内组织资源，与发展战略有关的就做，而无关的，即使具有再大的诱惑，也不为所动。例如，天津宝成集团在战略选择上做得非常好，它把产业定位在生产锅炉，而且是生产最好的锅炉，这就是他们的核心业务，也是该企业的核心竞争力，虽然他们也涉及其他一些业务，但这些业务主要还是为核心业务服务的，坚持企业的专业化发展战略。

4.2.7 组织结构因素

大多数民营企业在刚开始创业时依赖于民营企业家自身的胆识和吃苦耐劳的精神而快速成长起来，在成长过程中，形成了带有浓厚的家族企业的经营色彩，主要表现在决策方面，运作方式仍然停留在传统模式上，决策一般是采取家长式的决策制，没有形成一套完善的科学决策机制。这种集中的决策权在组织结构上体现为企业中重要的职位，大部分上层职位都由企业家的亲戚或好友控制着；在管理方式上体现为企业主要依靠“人治”进行管理，企业制度缺乏，或者仅有形式上的“规章”。其造成的后果也是显而易见的：下级管理人员缺乏自主权力，职权不清，协调性差，不愿意承担责任，一些管理人员甚至高层的管理者无法有效地发挥其作用，企业管理者整日忙于日常性事务工作而无暇顾及企业发展战略。因此，明晰产权，建立现代企业制度，构筑企业内部合作协调关系是民营企业二次创业的组织保障。民营企业的发展必须按现代企业制度的客观要求，在组织结构上从非管理分工简单型组织向管理分工合作现代型组织转变；在运行机制上，建立科学的决策机制，克服“一人兴一人衰”和一股独大的弊端，并通过有效的激励竞争机制，广招人才、善用人才、长留人才；在管理控制上，健全完善的法人治理结构，使企业有稳定的决策、管理、监督机制；在经营理念上，实现以管家为主向管理企业服务社会为主，以自我利益为主向兼顾自我利益和国家社会整体利益的及时转化。

4.3 发展路径

4.3.1 观念创新

二次创业成败的关键在于企业领导人的观念，如果企业经营者思想认识不到位，则很难实现二次创业。

(1)观念创新的关键步骤——封存本性

观念创新的关键步骤就是封存本性。要求把自己的原始个性有效保护起来，要根据角色要求处理自己的本性。人各有志，人各有性，但是不能完全按照自己的兴趣、爱好、标准去处理事情。

(2)管理者的角色标准——从自我到组织

从业务精英到中高层管理者，民营企业家角色标准变了，原来是经营自己的岗位，现在经营的是一个组织；业绩标准变了，原来是个人的，现在是团队的；核心能力原来靠的是专业技能，现在成为外围能力，而用人成了核心能力；工作方式也发生变化，原来是自己拼命努力，现在是如何借力。

(3)观念创新的关键内容——从努力到借力

在中国古代智慧语言里，有很多“借”字，“借鸡生蛋”“借船出海”“借网捕鱼”“借东风”，卓越的管理者要善借身外之物，所以从努力到借力就成为观念创新的关键内容。所谓借力就是借势、借物、借财、借人等所有行为，包括内借和外借。荀子曰：“君子生非异也，善假于物也”。诸葛亮实施“草船借箭”，“借东风”可谓乘长风而破万里浪，也将“借”的境界演绎得淋漓尽致，其实这里借的是“势”，化不利因素为有利因素，乘势发展[16]，企业经营亦是如此。

4.3.2 战略定位

企业战略是对企业各种战略的统称，其中既包括竞争战略，也包括营销战略、发展战略、品牌战略、融资战略、技术开发战略、人才开发战略、资源开发战略等。企业战略虽然多种多样，但都是对企业整体性、长期性、基本性问题的谋略[17]。例如，“十二五”期间，山东省大力引导民营企业树立品牌意识，积极注册商标和争创省著名商标、中国驰名商标，争取全省民营企业每年新注册 2 万件商标、新增加 200 件省著名商标、15 件行政认定的中国驰名商标，到 2015 年全省民营企业商标注册总量达到 31 万件、省著名商标 3 000 件、行政认定的中国驰名商标 210 件，培育 100 家民营企业为重点名牌产品企业。“十三五”期间，山东省大力实施民营企业技术创新战略，累计培育国家“专精特新”“小巨人"企业 141 家、国家制造业单项冠军 130 个,省级"专精特新"中小企业 2 534 家、瞪羚企业 709 家、独角兽企业 13 家、新跨越民营企业 20 家、省级制造业单项冠军 371 个。

4.3.3 系统重构

民营企业的系统重构主要解决三个问题:集权与分权管理模式的选择;管理者队伍的培育和建设;企业内部管理制度的建立与创新。一般说来,若企业所从事的经营领域单一,主要产品处于成熟的市场和成本竞争时期,子公司之间关联程度与风险程度高,采取集权模式比较有效;而若各子公司之间差异大,而且各具市场利益,那么可能采取有机式的事业部制更为有效。培养和造就一支能够正确贯彻执行公司战略意图的高素质管理者队伍是组织制胜的关键,实行创业者与职业管理者分离,日常管理由专业管理的精英们负责[18]。

第一,要按照现代企业管理的思想,组织结构理论,建立科学有效地组织架构。在企业发展到一定规模的时候,必须对原来小规模作战的结构进行大刀阔斧式的改革。

第二,民营企业建立的组织系统要有利于分权,形成权利责任利益对等的结构。企业家要真心实意地授权,从心智里就要考虑企业是社会的,是大家的,不是自己的。要建立起有利于培养企业职业经理人的组织结构,让职业经理人在企业里有成就感。

第三,企业的组织系统要与企业的发展战略结合起来。例如企业可以按照地区、产品等设置事业部组织结构,有意识地培养高级管理人员,以解决企业快速发展中的高级人才短缺问题。现在很多人找不到工作,而企业又很缺人,其实缺的不是一般员工,而是高级管理人员或者技术人员[17]。

第四,企业的组织系统要及时地调整。企业的外部环境不断地发生变化,而且这种变化越来越大,企业的组织结构必须适应外部条件的变化。在企业资金链趋紧的情况下,可以适当削减一些辅助业务,从中抽出一部分资金用于企业的关键核心业务。企业快速发展的阶段,建立事业部的组织结构,注重总经理等高级人才的培养,为企业的二次创业和再次腾飞打下坚实的人才基础。

第5章 山东省民营企业二次创业的八大创新

5.1 产权制度创新是山东省民营企业二次创业的体制基础

产权制度是企业制度最基础的部分，也是制度创新首先要解决的问题。现代企业制度的核心内容是现代企业产权制度。民营企业的产权制度决定着企业的组织形式和企业与外部利益集团之间的关系，也关系到投资者与企业之间的利益关系和控制关系，科学而合理的产权结构，将会更大程度消除企业对于个人和家族的依赖性，降低企业决策和经营的风险，把企业引向一条良性发展道路。目前，民营企业虽然实行了股份合作制，但其经营权大部分还在企业所有者手中，仍然没有突破家族式企业发展模式。进一步实行经营权和所有权分离，改变家族控制的现状，实现企业现代化经营是大多数民营企业获得进一步发展的关键。事实上，企业制度形态的发展历程始终是围绕产权制度展开的，尤其是近代以公司制为代表的现代企业制度，深刻影响着整个企业组织结构的经济效率。因此，民营企业组织结构的变革问题就是要以产权制度创新为基础设计高效率的产权制度安排。

5.1.1 民营企业产权制度创新的关键

民营企业产权制度创新的关键是实现由单一家族产权结构向产权主体多元化、流动化产权结构转换。民营企业所采取的一元化产权结构，对企业发展形成的制度性障碍，主要表现在两个方面：一是由于产权结构的一元化，往往会导致把产权关系和血缘关系融为一体，因而摆脱不了家族血缘关系的干预；二是由于产权结构的一元化影响了人力资本和货币资本的结构，往往存在会管企业的人没有钱，有钱的人不会管企业。民营企业的一元化产权结构，严重地阻碍了上述两种资本的结合，当其发展到一定程度，就会出现严重对立。制度经济学认为，最有效、最关键的激励方式是产权。而现代市场经济的一个重要标志就是产权多元化，同时产生了公司治理层的革命——经理革命和管理革命。产权多元化使民营企业在一定程度上摆脱家族的制约，将资本、管理和技术有机结合起来，使企业家能够保持良好的心态。产权多元化是企业革命的起点。产权多元化的企业，能够形成合理的治理结构，使企业的经营管理决策更为合理化、科学化。因此，产权多元化和流动化可构成相互监督又相互支持的风险共担的多元投资主体，有利于企业的迅速壮大和扩张。产权流动的重要意义在于，它促使企业活动由生产经营向资本经营升华，这是经济全球化和知识化条件下做大做强企业的重要途径。

5.1.2　民营企业产权多元化的实现形式

从总体上看，民营企业产权多元化的实现形式主要包括以下方面。

(1)实施“内涵”型改造，产权清晰到自然人

这是对民营企业总资本进行产权界定，使企业现有各生产要素(资本、土地、劳动、管理、知识产权等)对总资本进行按比例分割，从而使单一产权变为多元化产权。只要把家族产权清晰到企业每个自然人头上，他们都作为产权拥有者，也就成了独立的利益主体。在具体操作上，有以下三种方式：

第一，将员工贡献折股或由员工出资入股。这种方式使企业员工同时成为企业的股东。员工股份的多少表明其权责的大小，这种具体量化的、看得见摸得着的股权，使员工有一种实实在在的主人翁感，让员工更加关心企业，是激发员工动力的源泉。员工可以用资金、技术、专利或其他无形资产(如较高的知名度)入股，企业还可以将多年积累下来的福利、公益金等作为员工的出资而转化为员工股权。

第二，建立员工虚股转换制。这主要是针对企业员工暂时缺乏足够的资金参股而设立的。它从让员工拥有一定数量的虚股开始，使员工成为企业名义上的股东，以后企业根据对职工的分配和股份分红逐步将虚股转换为实股，经过一定的时间，虚股即可全部转换为实股。此时，员工成为实实在在的股东。这一方式可以使员工提前进入主人(股东)角色，促进股权多元化。同时，由于虚股不断转化为实股而使员工的利益与企业利益紧密相连，员工可以通过卓有成效的工作，尽快实现虚股到实股的转换，企业也会因此而焕发勃勃生机[16]。

第三，以股票或股票期权支付对职工的部分分配或奖励。现在人们都比较习惯于以现金、实物等作为对员工的奖励或报酬，但国外的公司较多采取股票或股票期权的方式对员工进行分配和奖励，收到了良好的效果。这样做除了使企业实现股权多元化之外，对企业的资金流动也是有利的，因为员工并没有真正从企业拿走现金，而是将分配或奖励给他的部分现金用于补充企业的资本金，甚至于还可以让员工再拿出一部分资金以优惠价来购买企业的股票。考虑到大多数民营企业员工的收入状况，这种方式应主要针对企业的经营管理者实施。

(2)实施“外延”型改造，引进新的战略投资者

第一，吸收社会资本，打破产权封闭的局面。许多理论研究成果表明，对于规模较小的民营企业来说，产权单一有利于企业的控制，可以降低企业成本、提高运作效率，产权多元化和现代企业制度带来的收益可能小于所付出的成本，对民营企业来说，得不偿失。但是，一些民营企业已经度过创业初期的发展，单一的产权已经限制了企业的二次创业和更高水平的发挥。实施“外延”型改造，引进新的战略投资者已经成为民营企业二次创业的必然选择。这是在原有单一的一元化资本结构基础上，再引入其他成分的资本，使资本结构变为多元。这一方式可以使民营企业广泛吸收社会战略投资者的资金及社会公众的资金和各种基金，是一种实现股权多元化的较好形式。股权多元化不怕股东多，而是多多益善，只要愿意出资，不管是组织还是个人，不管是国内的还是国外的，都可以成为股东。只有这样，才可以充分吸收和利用社会资金，壮大企业资本实力，降低资产负债率和经营风险。民营企业正在不断发展壮大，越来越多的民营企业认识到引入企业外部资金是必然的选择。因此，家族制企业在发展过程中，应注重培养自己的声誉，不仅要吸收外来个人资本，更要设法吸引其他企业、银行及各类基金等经济组织参股。这样，不仅可以促使股权多元化，而且企业间可能还具有优势互补、资源互补、需求互补等益处，因此也就更加有利于企

业发展。这种产权多元化方式，不仅有助于企业形成合理的治理结构，而且还能解决融资问题。

第二，认同和接纳各种生产要素以不同的形式入股。

传统企业理论下企业制度和公司治理结构都强调货币资本在企业生产中的核心作用，企业的治理结构和经营目标都是围绕出资人而制定的。这种只对货币资本认同的观念已经不适应当今国内外形势发展的要求，必须予以摒弃，允许各种生产要素以不同的形式入股，真正体现各生产要素的市场价值。在一些上规模的民营企业中，要推行生产要素股份化的方式，采用技术入股、年功入股、绩效奖励投资入股、经营管理者股权期权入股等多种形式，形成利益共同体[18]。

第三，开展资本运营，拓宽融资渠道。

当前我国证券市场化进程正在逐步加快，注册制的实施已经进入了快车道。这为民营企业直接参与证券市场，进行融资和投资，开展资本运营提供了良好的机遇。企业要利用合作、合并、控股等形式进行资本运营，有条件的企业可以通过资本重组方式积极争取上市。当前很多民营企业已充分认识到走向资本市场的必要性，越来越多的民营企业正寻找时机尽早尽快地完成改制工作以早日上市。

5.2　发展战略创新是山东省民营企业二次创业的前提

5.2.1　发展战略创新是民营企业的必然选择

二次创业期民营企业将面临来自市场、规模以及自身能力局限等多方面的挑战。因此，只有率先意识到这些问题并及时进行战略转型的企业才能超越自己、适应环境，获得成功。民营企业二次创业主要面临以下挑战：

(1)市场空间增长速度的逐步放缓

二次创业面临的第一个问题就是市场空间增长速度的逐步放缓。市场空间是企业战略竞争的焦点。在第一次创业,民营企业面对着巨大甚至是空白的市场,创业家凭借锐利眼光、冒险精神以及果敢行动获得成功。事实上,这时候的企业成长更多来自市场的自然增长,或者说市场创造我们的企业而不是企业打下了市场。然而市场的空间开拓到一定的程度,就会出现成熟、饱和、替代和更新,不仅以往存在的空白市场缝隙消失了,各个细分的市场都挤满了企业,而且一旦出现新的市场机遇,瞬间就会有企业蜂拥而上,将“蓝海”变成“红海”。显然,市场环境的变化给企业的战略提出了更高的要求,战略转型成了企业向前发展的必然选择。

(2)规模经济对战略管理的挑战

企业规模的膨胀是企业发展的必然结果,然而,“规模经济”并不一定是规模扩大的结果。与之相反,民营企业在规模扩大的同时更多表现出规模不经济,即随着企业规模的不断增长,企业收益的增长并没有企业成本增加的幅度大,最终导致企业的利润率甚至净利润的下降。究其原因,主要是企业的战略与管理适应不了企业的发展所致。近年来由于盲目的实施多元化战略、国际化战略而跌倒的民营企业屡见不鲜;由于机构臃肿、管理不善而产生危机,求助于咨询公司、管理专家的民营企业不胜枚举。一项调查表明,中国的小企业的平均寿命仅有3~4年,那些生存下来继续向前发展的企业,同样令人担忧。因此,民营企业要想“做大做强”,二次创业首当其冲要做到企业的战略清晰化与管理的规范化。

(3)动态竞争环境凸显战略转型的重要性

正如詹姆斯·C·柯林斯(2002)在《基业长青》中所言,许多企业在最初的创业期并没有非常清晰的战略。在第一次创业中,许多民营企业当初确实没有制定明确的战略,而是借助人缘、地缘优势,加上照搬、模仿和改良等路子发展起来的。然而，随着市场的变化加快，全球化的市场竞争加剧，以往只做贴牌，不做品牌；只做转手，不做增值，以及技术门槛相对较低的企业将面临严峻挑战。为此，市场环境越是复杂多变，越加凸显战略的重要性，只有明确战略目标，提升自身优势，构筑核心能力，进而适应不断变化的市场环境的企业才能够获得持续的竞争优势，并在第二次创业中立于不败之地[19]。

5.2.2　民营企业二次创业战略规划的依据

(1)行业特征

民营企业所在行业的不同特征会影响其二次创业战略模式的选择。不同的企业有不同的战略模式选择，同时不同的行业也会限制企业资本运作模式的运用。例如，分散型经营适合多品种、小批量生产的消费产业；适合与大企业相关的生产资料加工产业和零部件生产部门；也适合高运输费用、高库存费用或不稳定的销售波动产品生产部门。

(2)企业所处的发展阶段

企业发展要经历创立、发展、成熟和衰退四个时期，不同的时期企业的发展状况和资源条件存在着很大的差异。所以在进行二次创业战略规划时，必须依据企业的发展阶段来进行。在企业刚建立时应采取集中发展战略，即通过资源在某项业务中的高度集中，增加其主要业务的销售量，建立企业的市场地位，提高产品的市场竞争力。当企业发展到一定的阶段，其内外部又具有未被利用的资源，并且企业有能力利用它时，企业就可以选择多样化经营。多样化经营的主要优势在于可以规避经营风险并产生协同效应。一般来说，多样化成长是大企业成长的主要方式，而专业化成长则是小企业成长的主要选择道路。

(3)内外部经营资源状况

企业的成长过程就是充分利用内部资源和获取有用的外部资源实现其

扩张、发展的过程。企业现有的内外部资源状况决定了企业下一步要走的成长道路。民营企业的内部管理优劣、人力和财力资源存量、市场经营的能力、产权结构安排、领导体制和用人规则、企业家的才能和价值观等，都会影响民营企业二次创业模式的选择。此外，企业所需的要素市场的发育程度、国家法律法规的制定和逐步完善也会在一定程度上影响民营企业二次创业模式的选择。

5.2.3 二次创业的战略模型

民营企业的二次创业需要结合企业自身的制度创新和改造，分层次分阶段进行发展。

(1)资金和经验的积累阶段

由于民营企业本身所具有的起点低、规模小、技术力量缺乏等缺点，要想在短时间内聚集一定的发展资金，必须熟练地运用资本手段来进行。初级阶段，民营企业主要通过证券市场、风险资本投资，或者通过其他的一些资本运营手段来积累资金，并设立专门账户进行管理，保证企业现金流量充足，为以后发展做准备。同时可以尝试一些新的项目，积累一定的项目经验，拓宽自身的作业视野，找到适合企业发展的方向。

(2)规模突破阶段

当企业具有一定的资金实力后，应该通过对其他相关企业的并购，或者直接与他人合作，进入到那些有一定经验的新的项目中，从而达到量变到质变的飞跃。同时，引入相关系统的人力资源网络，调整企业组织结构，扩大关系网络，建立公司品牌，寻求新的发展机会。这其中，管理者思想也随之慢慢变更，或者直接另立新项目交予第二代进行尝试。

(3)飞跃阶段

企业拥有了正确的管理制度,产权制度和治理结构,拥有一大批培训良好的人才,同时又具备了一些有前景的项目,就可以通过项目与资金的有机结合,从而达到企业转型发展,完成二次创业的目的。民营企业二次创业的战略模型图如图 5.1 所示。

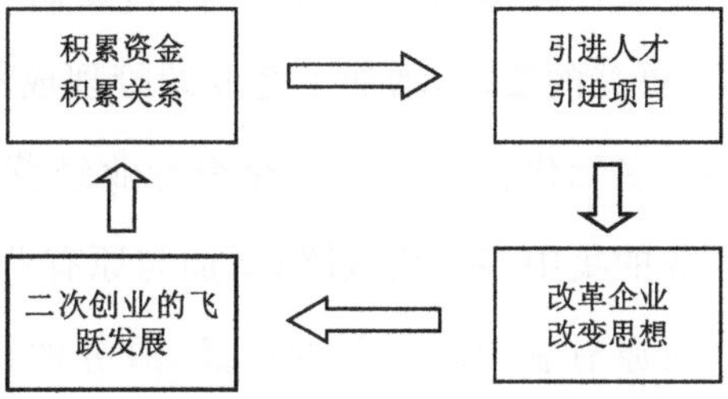

图 5.1　民营企业二次创业战略模型图

5.2.4　民营企业二次创业的战略规划

(1)民营企业二次创业的发展战略

民营企业二次创业需要更好地推动技术创新,提高资源的利用率,打造品牌,形成规模效益。企业二次创业的发展战略主要包括专业化战略、产业链整合战略、多元化战略、产业集群战略。

第一,专业化经营的规模化战略。当今,专业化战略在企业战略实践中越来越受欢迎,它可以帮助企业形成规模效应,降低单位成本,在特定地区形成垄断地位。过去许多民营企业专业化程度不高,又往往放下主业急于进入多元化经营,最终把企业带入了发展困境。民营企业应该选择专业化的经营战略。首先,专业化发展有利于规模效应,降低单位成本。其次,专业化发展有利于民营企业集中人力、物力、财力等资源与能力,研发自己的核心技术,形成核心竞争能力,打造自己的品牌。

第二，产业链整合战略。一个企业往往只在产业链当中占有一个或几个环节，作为二次创业的民营企业可以选择价值链的整合战略来“做大”企业。产业链整合战略，包括民营企业对为自己提供产品或服务企业的后向一体化战略，以及对分销商、零售商进行整合的前向一体化战略。通过合并、收购、接管、自我筹建等方式，把价值链上不同的产业环节整合为一个企业，其最大的优点是减少了市场交易成本与风险，形成稳定的客户关系，提高了效率。不足是对企业协调管理能力提出了更高的要求，增加了企业的管理成本。

第三，多元化战略。多元化就是企业选择跨行业经营战略，包括增加与原有业务相关的产品、服务的集中多元化战略；增加与原有业务不相关的产品、服务的混合多元化战略；对原有客户增加新的产品、服务的横向多元化战略。这种战略可以帮助企业快速扩大，企业的资源得到了充分的利用，分散企业经营风险，有利于企业减少市场波动对企业的影响。其缺点是对企业的资源、能力提出了更高的要求，需要高水平的协调管理、决策能力。

第四，产业集群战略。产业集群就是在某一地区存在着一群相互关联的公司、供应商、关联产业和专门化的协会。其作用是有利于地区内的每一家提高效率，节约成本；有利于企业之间的合作，例如发挥技术研发、人才培养、配套设施等方面的优势；有利于降低企业经营风险；有利于提高竞争力，打造品牌优势。由于很多二次创业的民营企业单个实力有限，形成产业集群后可以打造集体品牌，而这种品牌是区内所有企业所共有的，在集群品牌的条件下，单个企业打造自己品牌的成本和难度都降低了。

(2)民营企业二次创业的竞争战略

处于二次创业阶段的民营企业，不仅要做大，还要做强，要在激烈的市场竞争中战胜竞争对手，赢得客户，获取利润和发展空间。二次创业的民营企业要参加激烈的市场竞争，可以选择迈克尔·波特提出的成本领先、差异化、聚焦三种基本竞争战略，在企业竞争战略实践过程中，这三种战略不是绝对孤立，往往需要整合使用。

第一，成本领先（Cost Leadership）战略。强调以很低的单位成本，为价格敏感用户提供标准化的产品或服务。长期以来，保持行业范围内的低成本是民营企业一个竞争优势。成本领先可以从以下两个方面获得：①民营企业应该通过横向、纵向、产业集群等方式实现企业的适度规模化，降低单位生产与管理成本。②民营企业通过提高管理水平、加强技术、产品的研发改进，从而提高效率，降低单位成本。

第二，差异化（Differentiation）战略。这是对价格相对不敏感的客户提供产品、服务。随着经济的发展，人们生活水平的提高，消费呈个性化、多样化的趋势发展。市场竞争也越来越激烈，企业要寻找自己的“蓝海”，形成具有自己别具一格的核心竞争力。二次创业中的民营企业可以通过为客户提供品质优良，具有情感、文化特色的产品和服务。保持和维护长期的差异化优势，可以在竞争过程中获得产品、服务的市场灵活性，为客户提供更高的附加价值，从而获得高额利润，减少竞争成本，赢得稳定的目标客户。要实现差异化竞争战略，要求民营企业必须具有很强的创新、研发、管理、营销等能力，从而保持和维护差异化优势。

第三，聚焦（Focus）战略。是通过为特定客户群体提供产品、服务。民营企业要实施聚焦的竞争战略必须具备两方面的条件：其一，企业所确定的特定客户群体要足够大，能满足企业发展需要；其二，企业要具有一定的规模和竞争优势，能够满足和守住这个“焦点”客户群体。民营企业可以通过市场细分、市场渗透、市场开发等途径来实现聚焦战略。但这种竞争战略风险较大，对外部环境变化的适应性较差。当在这个特定市场中出现竞争对手后，竞争会异常激烈，增加了企业的经营风险。

第四，竞争合作战略。市场竞争没有绝对的敌人，民营企业在积极参加市场竞争中，还可以采取竞合的战略。当民营企业共同面临威胁的时候，就可以形成合作关系，一起抵抗威胁。如共同研发技术、人才培养、渠道共享甚至是品牌共享。竞争合作战略实现的方式有："抱团式蚂蚁战略"，"跟随式羊群战略"等。

(3)民营企业二次创业的国际化战略

国际化是社会历史发展的必然趋势，全球化的快速发展使得国内市场国际化的新竞争格局基本形成。贸易壁垒的大量减少和国民待遇的实施促使民营企业必须按照国际化的要求，根据自身的优势实力重新定位，重新调整自己。因此，积极开展国际经营、积极参与国际竞争，已成为经济全球化的必然要求和民营企业的必然选择。

①民营企业国际化战略的多元选择。

第一，方式战略选择。"走出去"到海外兴办实业的类型：主要包括：(a)"企业联盟"战略。企业和境外企业各自凭借特有优势建立非股权式的契约合作，相互享受对方东道国资源优势和政府优惠政策，全面提升民营企业的国际竞争力。(b)"跨国并购"战略。具有一定实力的民营企业到东道国经营，可实行跨国并购，利用对方现有的品牌、技术和销售渠道，绕开东道国贸易壁垒，迅速占领他国市场。(c)"群商连锁"战略。从海外开设产品专卖店、销售连锁店起步，直至联合国内其他企业以及在东道国的华侨、外籍华人和外国企业，建设中国商场，以提高知名度和扩大影响，切实实施跨国发展战略。(d)"研销外移"战略。实行研发和营销机构海外设置的经营模式，及时跟踪科技发展和市场信息，快速调整国内生产方向，形成符合国际市场需求的产品是民营企业快速进入海外市场的有效途径。

第二，区位战略选择。民营企业应根据本企业特点充分考虑区位要素选择直接投资突破口。主要选择包括：(a)中国—东盟自贸区。近 30 年来，中国—东盟贸易规模扩大了 85 倍。2020 年，东盟成为中国最大贸易伙伴，中国则连续 12 年保持东盟第一大贸易伙伴地位。同时，东盟是中国最主要对外投资目的地和外商直接投资来源地。截至 2021 年 6 月，中国和东盟国家相互累计投资总额超过 3 100 亿美元，双方在制造业、农业、基础设施、高新技术、数字经济、绿色经济等领域投资合作稳步拓展。随着区域全面经济伙伴关系协定的正式生效，会进一步推动区域经济一体化建设取得重大成果，为本地区疫后经济复苏、稳定全球经济发展发挥重要作用。(b)市场潜力较大的新兴市场。东欧、中亚等地区市场迅速恢复，这些地区经济与我国存在经济互补性，蕴藏巨大商机。(c)引导消费主流的欧美市场。通过塑造中国品牌形象、跟踪先进技术、完善规范的资本市场的方式帮助企业快速跟进生产和消费前沿，符合条件的民营企业要把这些国家作为实施“走出去”战略的重点市场。

第三，产业战略选择。我国民营企业跨国经营处于初期发展阶段，规模较小，防范风险能力弱，资本金不足，对外直接投资主要应集中在小规模产业：(a)规模经济程度低，不需要太多的固定资产投资，这类产业相对于发展中国家具有制造技术、生产经验、相对规模上的比较优势。(b)产品竞争激烈。民营企业引进一大批国内外先进技术，经过消化、吸收、改造，在纺织、轻工、家电、化工、农机、建材、电子、食品等发展中国家竞争集中的行业，已经形成相对技术优势和管理经验。(c)进入门槛低。某些传统产业，仍然具有较强国际竞争力。这些技术和经验是民营企业在发展中国家重要的战略优势，适合这些国家的市场需求。

②培养引进国际化人才是民营企业实施国际化战略的保证。

大多数民营企业国际化战略经营失败的一个重要原因就是缺乏国际化战略经营的经验，经验的缺乏关键是缺乏国际化经营的管理人才，尤其是缺乏在世界范围内运作的管理经验和人才。中国台湾明基公司在德国成功并购西门子公司的一条重要经验，就是明基公司提前注重培养国际化人才，企业集聚了一批优秀创新创业国际化人才，为企业并购、高质量发展提供了有力保障。因此，民营企业在实施国际化战略经营之前，就必须培养和引进具有国际化经营经验的管理人才，并根据人才类型和层次分布的特点进行人才组合优化。

③走“渐进式”的国际化之路是民营企业实施国际化战略的策略。

“渐进式”的国际化战略经营道路，既可以使民营企业一开始就降低国际化战略的市场、成本、人力资源等各种风险，减少损失，同时也可以使民营企业积累国际化战略的经验。民营企业可以考虑采取以下“渐进式”方式进行国际化战略经营：一是先贸易，后投资。即先从国际贸易、在海外做商业性生意入手，以此了解国外市场，积累经验和资本，然后再考虑在海外直接投资，办生产加工等企业。二是先合资，后独资。先走出去，与当地企业合资，这是本国企业走出国门、实现跨国经营取得成功的一个基本经验。这有助于利用两种资源、两种文化、两种能力和两个市场。三是先劳动密集型产品的生产，后技术密集型产品的生产。劳动力成本低是我国的一大优势。民营企业走出国门，也不能离开这个优势。因此，民营企业走出国门、跨国经营，也要从这个角度设计自己。通过发展劳动密集型产品生产，积蓄资本和力量，然后再进行技术密集型产品生产。四是先技术引进型，后技术开发型。民营企业走出去，先在国外做技术引进型生产与加工，多学习国外先进技术，然后在资本和实力积蓄到一定程度后，着力发展技术开发型生产与经营。这对于民营企业实现跨国经营来说，也是非常重要的一项选择。五是先拉美、非洲的发展中国家，后欧美的发达国家，走先易后难的国际化发展之路。

5.2.5 战略创新的关键环节

(1)核心竞争力的培育

目前，企业竞争越来越深刻地表现为创新的竞争，具有自主创新能力是企业生存和发展的关键，是企业保持活力的源泉。创新是民营企业二次创业的战略基点和导向。民营企业要成为竞争力较强、可持续发展的优势企业，必须树立创新意识，加强创新的人才引进与培养，加大创新投入的力度，通过创新培育自己的核心竞争力。

①民营企业核心竞争力的内涵。

所谓民营企业核心竞争力是指民营企业在市场竞争中能够显著实现顾客看重的价值需求，领先于竞争对手，并不易被竞争对手所模仿的能力。广义的民营企业核心竞争力指民营企业所独有的核心资源，包括技术、管理、战备设计、组织结构、生产制造、市场营销、企业文化等多个方面；狭义的民营企业核心竞争能力仅指能够创造独特客户价值的专门技能和技术，并以企业技术能力为核心，通过企业战略决策、系统控制、市场营销、组织管理以及企业文化的相互整合，而获得的长期竞争优势。

首先，核心竞争力能很好地实现顾客所看重的价值，如提高产品质量，提高服务效率，增加顾客的效用，从而给民营企业带来竞争优势。其次，核心竞争力必须是民营企业所特有的，并且是竞争对手难以模仿的，这种难以模仿的能力能为民营企业带来超过平均水平的利润。再次，核心竞争力具有延展性，能够同时应用于多个不同的任务，使民营企业能在较大范围内满足客户的需要。最后，核心竞争力不仅可以表现在技术上，还可以表现在生产经营、市场营销和财务管理等方面。

随着市场环境的变化和经营方式的变革，民营企业核心竞争力的内涵也在不断扩展，由最初的产品、技术层面演化到制度层面，并最终拓展到理念层面。从技术层面看，核心竞争力就是民营企业所拥有的领先于竞争对手的产品研发技术能力、服务能力和体现这一技术、服务能力的新产品、新服务方式。从制度层面看，核心竞争力就是民营企业在产权制度、组织结构、管理机制等方面所形成的优势。制度创新是技术创新的基础和前提。从理念层面看，核心竞争力就是以企业价值观和经营理念为核心的民营企业文化。在这三个层面中，技术层面是企业竞争力的直接实现，但又受到企业制度的制约和企业价值观的支配，制度是物化了的经营理念的存在形式，没有正确的理念就没有科学的、不断创新的制度。

②民营企业核心竞争力的培育。

第一，培育民营企业核心竞争能力，必须对企业发展战略进行正确的定位。对于民营企业来讲，立身之本、成长之道就是避免多元化发展道路，防止与外资企业、国有大型企业的正面竞争。在有限的市场上运作，提供有限的产品或服务，与大型企业相比，其战略定位尤其重要。

第二，培育民营企业核心竞争能力，必须加强内源性与外源性核心竞争力的有效整合。民营企业培育核心竞争能力有内源性与外源性之分，作为民营企业核心竞争能力的培育，需要有效地整合内源性与外源性的核心竞争能力，在建立学习型组织、打造有效的研发平台和形成先进的企业文化的同时，民营企业应该在自身制度和流程创新的基础上，把外源性竞争力作为培育核心竞争力的突破口，结合自身的竞争优势进行有效整合，建立自己的知识体系。在与外来力量的整合过程中，由于环境恶化或双方的理念冲突，极有可能出现种种危机。因此，民营企业必须发挥其具有比较优势的整合能力、纠错能力和平衡能力，促进内源性与外源性核心竞争能力的有效整合。

第三，培育民营企业核心竞争能力，必须加强企业机制建设，避免过分依赖于个别核心人才。一个优秀的民营企业一定要设立一种制度，留住互补性的技能和知识，不能把企业和个别核心人才无限捆绑。个别核心人才是某种技能和知识的有效载体，而不是终极载体。企业必须把创新和创造纳入流程，将每一种个人能力吸收进企业的知识体系，将个人属性的初始核心知识（包括管理、营销、战略等）企业化。民营企业的发展在一定程度上对核心人才有依赖性，但是绝对不能始终依赖于某一两个人，核心人才的命运与企业的发展有密切联系，但是绝对不能与企业无限捆绑。

(2)产业规模化是民营企业二次创业的发展方向

目前,大部分民营企业所追求的规模是大而全,忽视了企业的接受能力及社会资源的配给,导致盲目扩张和过度竞争,进而影响到企业的二次发展及技术创新,陷于技术含量低和低价炒作的双低恶性循环,严重危害到企业的生存与发展。在二次创业中,规模经济的实现应多向联合,消除过度竞争,采用科学的目标管理来达到减耗增效,实现企业利益最大化。

(3)品牌意识

品牌是一个企业最为重要的财富之一,是企业价值的象征,是企业产品、服务的综合表现,也是企业质量的保证和消费者对企业认可的标志。它可以帮助企业获得忠诚的客户。民营企业在急剧扩张的初期,一定程度上对品牌管理、诚信商誉等问题关注不够,在打造品牌方面存在一些不足:一是品牌意识不强,有高质量的产品或服务,却只能做原始设备制造商,大部分的利润被品牌商拿走。二是一些企业认为打造品牌就是花大钱做宣传广告,忽视了企业产品、服务质量与特色的打造。三是危机处理能力低,企业懂得打造一个高质量的品牌,却缺乏品牌维护的能力。制定和实施品牌发展战略,加快培育自主品牌是民营企业二次创业的关键。

企业集中优质资源与核心能力,提高产品品质,形成服务特色,是打造自主品牌的必由之路。企业通过诚信经营,完善服务体系,培养品牌管理人才,维护和提升自身形象,将是推动企业发展迈向新台阶的重要举措,是民营企业可持续发展的力量源泉。但在竞争日益激烈的世界经济舞台上,在各项保护性措施日臻完善的今天,塑造有自主知识产权的技术、塑造自己的品牌和维护自身的诚信商誉已经刻不容缓,自主知识产权意味着不可替代与复制,品牌意味着高的市场份额与市场占有率,诚信经营与维护自身商誉则可以使自己的品牌被市场更加器重,除提升产品的高附加值外,也能最大限度提升企业的知名度与美誉度。

(4)战略联盟是民营企业二次创业发展战略的实现方式

企业需要承担来自技术、财务、管理等各方面的风险。所以对于现代企业来讲,追求创新、效益、速度与规避风险是永恒的主题。当企业的战略目标超过企业能力,企业自身的资源无法达到时,选择战略联盟这种现代企业战略成为必然。企业为了达到自身的战略目标,可从外部寻找稀缺的资源,选择具有该资源的企业结为战略合作伙伴。

①企业战略联盟的内涵。

企业战略联盟最早是由美国 DEC 公司总裁简·霍普兰德和管理学家罗杰·奈格尔首先提出来的,随即在实业界和理论界引起巨大反响。从 20 世纪 80 年代初以来,战略联盟这种组织形式在西方和日本企业界得到了迅速发展,尤其是跨国公司之间在全球市场竞争中纷纷采取这种合作方式。一般说来,企业战略联盟是指由两个或两个以上有着共同战略利益和对等经营实力的企业(或特定事业和职能部门),为了达到共同拥有市场、共同使用资源等战略目标,通过各种股权、协议(或契约)而结成的优势互补、风险共担、生产要素水平式双向或多向流动的一种松散型网络组织。美国战略管理学家迈克尔·波特说:“战略联盟是企业之间达成的既超出正常交易,可是又达不到合并程度的长期协议。”从普遍意义上看,企业战略联盟是处于市场与企业组织的一种中间组织形态,其内部既有市场的价格体制,也有企业的组织调控机制,它产生于市场与企业组织的相互渗透,是一种有组织的市场和有市场的组织。长期、稳定的相互信任与合作是企业战略联盟具有的最重要特征与核心。

②民营企业战略联盟的基本形式。

从民营企业完成的战略目标角度可分为三种战略合作联盟:

第一,合作研究与开发联盟。开发新产品、提高自身产品的科技含量是企业产品价值创造的第一步,已成为企业发展的重要战略目标。产品研究与开发要求企业大量资源(包括技术、财力)的投入,而且风险相当大。而企业联盟有利于集结各种资源，节省研究成本，分摊风险。可供选择的形式有交换技术信息、成立合作研发机构、建立共同标准联盟等。

第二，联合生产联盟。新的时代背景下，生产资源已经打破地域的界限，甚至可以在全球范围内重新配置。联合生产联盟使分散在不同企业中的最具有比较优势的生产力结合起来，完成产品的制造过程，使产品在范围更广的地域具有竞争力。可供选择的形式有产品品牌联盟、供求伙伴联盟等。

第三，市场开拓与发展联盟。产品在市场中的销售是其价值的最终体现。以联合销售为目标的战略联盟，使联盟一方利用另一方或双方相互利用对方的市场销售渠道销售自己的产品，资源共享，达到销售的规模效益。

③民营企业构建战略联盟的对策。

战略联盟借助联盟企业的资源和核心能力，能够弥补自身在跨行业经营中战略资产的不足，进一步降低企业的生产成本，获取更大的竞争优势。全球竞争背景下，由于跨国经营的风险与进入壁垒加大，对经营提出更高要求。企业战略联盟更能突出体现合作创新的经营思想。发展民营企业战略联盟主要包括以下对策：

第一，打造集团化经营体系，提升企业综合能力。所谓集团化经营，是指在民营企业战略联盟的基础上，构建出一个由各类战略联盟组成的组织，并使之集团化、体系化，进而构造出中小民营企业的集团化经营体系。集团化经营可以通过全方位合作，把企业外部交易变为集团内部的交易，不仅可以享受税收优惠，还可降低研发、生产、销售、售后服务成本，规避市场风险，实现多赢的格局。因此，通过战略联盟，构建集团化的经营体系，提高企业的核心竞争力。

第二，构建产研融合体系，加速产品创新与资源优化。战略联盟集团化经营，可使各个联盟企业能在短时间实现优势互补，可以比竞争对手更快地开发新产品，获得率先入市的先机，提升企业联盟的整体竞争力。另外，研发体系战略联盟还可为公司提供除传统发展和购买以外的第三种方式来发展新技术，可有效促进联盟企业间信息的交流，推动技术创新，为战略联盟提供技术创新的保障，从而不断地创造出新技术，并且通过资源共享和风险共担降低了企业新技术投资的沉没成本，提高了企业战略联盟对市场不确定性反应的速度和灵活性。

第三，组建生产加工价值链联盟，提升整体生产能力，实现规模经济和范围经济。中小民营企业战略联盟可以统筹规划，整合上下游企业加工工序，实现原材料等各种资源互补，使生产加工工序更为流畅、更为科学合理；可以借助精益生产、减少库存成本，在更大范围与更高层次上，提高营销和经营效率，降低成本，创造低成本竞争优势；可以采取准时制生产，追求无库存，或库存达到最小的生产系统，达到降低成本、简化计划和提高控制的目的，从而实现速度经济和共同经济。

第四，整合销售渠道网络，形成销售渠道战略联盟。建立市场销售战略联盟，实现民营企业战略联盟内部企业资源充分利用，整合营销网络，形成销售渠道竞争优势，充分提升企业集团的整体营销竞争力，还可为下一步面向世界，参与全球制造业分工，奠定基础。战略联盟内部营销资源整合，可以以市场为纽带，营造灵活、协调的生产营销网络，不断开拓新的市场空间；可以避免同一产品的不正当竞争，使市场趋于稳定，还可以与其他企业建立产品合伙营销关系，减少竞争对手挑战，避免过度竞争。另外，发挥联盟内团队成员力量，以个人能力结合个人的销售业绩来评判销售绩效，提高联盟成员的积极性，形成一个强有力的营销团队，让各方销售人员发挥各自优势，取长补短，提升整体的销售业绩。

5.3 技术创新是山东省民营企业二次创业的动力源泉

技术创新是一个企业生存的基础。在知识和技术越来越重要的今天，企业之间的竞争实际上越来越成为运用知识和技术进行技术创新的竞争。民营企业二次创业必须加强技术创新方面的工作。

5.3.1 技术创新的方向

(1)应平衡产品创新与工艺创新的地位

技术创新按其内容可分为产品创新和工艺创新两种,企业技术创新类型与产品的生命周期之间存在紧密联系。对于二次创业时期的民营企业来说,首先,工艺创新的地位应得到提升。完成一次创业的民营企业普遍拥有了自己的产品和一定的市场占有率,企业产品创新达到相当程度即产品基本定型之后,企业对工艺创新的要求日益迫切。因为这时模仿者及其他竞争对手也已进入了市场,技术垄断带来的利润日渐减少,竞争的焦点转为追求经济规模,降低成本,提高生产率。其次,产品创新的地位也不能削弱。一是由于工艺创新一般需要极大的投入,民营企业未必都有这样的实力。二是工艺创新有个时机选择的问题,只有在产品的基型设计完成之后,即产品创新已基本稳定的情况下,才能实施工艺创新。三是工艺创新针对的是较为成熟的产品的生产制造,在产品生命周期日益缩短的情况下,一种产品随时有可能被另一全新的产品逐出市场。所以企业将赌注全押在一个工艺创新上是有相当风险的。总之,在民营企业二次创业时期,技术创新类型的分布要力求在产品创新和工艺创新之间达到一种平衡,对不同规模企业的不同发展阶段,这一平衡点的位置也有所不同[20]。

(2)应体现市场和技术合力拉动的特征

民营企业在创业初期的技术创新往往呈现出一种单纯的市场拉动型特征。主要表现在市场需求成为企业一切行为的基本准则;企业在创新过程中注重技术的市场价值;模仿基础上的二次创新成为企业技术创新的主流方式;技术创新的目标定位于渐进式、维持性等。市场在激励技术创新方面具有自我组织、自我加强的作用,但市场驱动并不是万能的,它具有自身无法克服的功能性缺陷。市场本身存在着信息效率问题;纯粹基于市场需求的技术创新往往会带来竞争性的资源浪费;市场激励使技术创新主体更多地考虑自身的眼前利益,而很少顾及企业的长期利益和社会利益,市场本身并不能创造如政策法规等有利于技术创新的内外部环境。特别是伴随着科技发展的日新月异,以科技为主导的市场竞争将异常激烈,这对受市场需求牵引而难以走在市场前列的企业技术创新机制提出了严峻挑战。因此,二次创业期的民营企业唯有认识到技术和市场双重推动的强大作用力,在技术创新上注重从市场拉动型向市场、技术合力拉动型转变,才能以持续的技术优势抢占市场的制高点。

(3)应在模仿创新基础上提高自主创新力度

模仿创新具有成本小、风险小、成功率高、起点高等优点。因此对于民营企业来说有非常重要的意义。但同时模仿创新也具有一些缺陷和劣势:一是会受到进入壁垒的限制而影响实施的效果,如核心技术信息被封锁、法律保护制约等;二是有时会和率先者的知识产权发生矛盾,阻碍模仿创新的发展。因此,模仿创新主要适用于那些规模小、资金力量单薄的民营企业。而对于进入二次创业阶段的民营企业来讲,要在模仿创新的基础上加强自主创新的力度,通过突破性的独立首创战略,使企业在一定时期内掌握和控制某项产品和工艺的核心技术,在一定程度上左右行业或产品技术的发展方向,从而扩大市场份额,获得新的发展机遇。当然自主创新不能只注重对技术研究环节的投入,还必须同时注重后期的产品设计、生产制造、销售、技术扩散等环节。

(4)应注重企业内部的技术创新研发活动

民营企业进行技术创新的策略可以有多种选择,如自主研究、合作研究、委托研究以及技术引进等。由于技术创新本身存在的不确定性、风险性较大,企业依赖其他的专业研究机构也不失为一种较为稳妥的办法。然而从发达国家的实际情况来看,却是独立的研究机构越来越少,而在企业内部进行研发的民营企业却越来越多。民营企业将研究机构纳入自身体系之中,能使企业对技术成果有更强的控制力。从民营企业发展的实际情况来看,一次创业时期,大批民营企业虽有进行内部研究开发活动的兴趣，但却受制于企业弱小的实力。然而随着民营企业二次创业时期的到来，企业规模扩大、实力增强，以及科技体制的逐步改革，使民营企业在二次创业时期普遍建立起研究开发部门，实现研究开发活动的内部化。同时，二次创业的技术竞争更加激烈，使许多技术如果引进往往无利可图。谁也不愿意将自己的领先技术卖给直接竞争对手，其技术转让价格会高得让对手望而却步。因此，建立和加强民营企业内部的研究开发活动，既是企业本身发展的自然趋势，也是激烈的竞争环境下争取生存和发展的必由之路。

(5)应采取多元化的技术创新策略

民营企业在二次创业过程中应采取研发一体化、技术股份化、合作国际化等技术创新策略。首先，企业与科研机构的一体化是一种有效的方式。这样可以充分整合和利用双方的资源和要素，做到风险共担、成本分摊、劳动分工和利益共享。其次，技术股份化是技术创新策略的一大特点。技术股份化的理论基础是技术资本论和产权共享论，它要建立的是一种激励机制。只有当科技人员的科技成果和知识变成可以投资的资本和股份，科技人员才会关心自己的知识和成果在生产中的运用并不断加以创新。最后，是技术创新的合作国际化趋势。合作创新是近年来国际上特别是在高技术产业领域盛行的一种方式，如四通集团与康柏公司的合作、方正集团与金山公司的合作等。国际化的合作乃至兼并可迅速扩大企业的经济规模和技术规模，这对以技术为基础的民营企业进行二次创业尤为重要。同时，技术创新的合作国际化可以利用多个国家的资源进行研发活动，以适应世界经济一体化、市场营销国际化的形势。

5.3.2　技术创新面临的困境

(1)技术创新的融资困难

往往需要资金、投资回报率较高的技术创新项目因为风险较高得不到贷款。根据对上海市2 620户民营企业的调查，曾经获得流动资金贷款的民营企业只占企业总数的9.5%，获得长期贷款的只占2.8%。

其次，缺乏风险投资机制使民营企业技术创新后劲严重不足。我国的风险投资机构数量相对较少，规模相对较小、缺乏畅通的退出渠道，再加上风险投资行为的短期化，使得投资的效率有待提高。

(2)政策扶持和法制环境有待进一步完善

首先，政府的政策引导和激励政策有待进一步完善。如在产业技术政策方面，政府对产业技术发展的方向、目标和结构，要发展、限制和淘汰什么技术需要明确的指导，民营企业在创新目标的选择上存在顾虑。

其次，技术创新法制环境有待进一步完善。当前的突出问题是保护知识产权方面的法律体系还不够完整。知识产权保护意识相对薄弱，知识产权流失相对严重、管理弱化，知识产权的纠纷也日益增多。造成个别民营企业往往只注重对短期收益的追求，忽视对高投入且回收期长的高科技产品的开发和产业化，一些民营企业依靠引进或购买专利来进行二次创业，享有自主知识产权的高科技产品不多。

(3)缺乏相应的科技成果研发和产业化机制

首先，民营企业研发和产业化的综合力量比较弱。民营企业在进入二次创业阶段后，虽然完成了一定量的资金积累和规模扩张，但总体来看实力仍然相对较弱，缺少研发资金和市场开发的经验，造成许多民营企业无法开展正常的研发工作，即使在技术开发上已经取得成功，也很难将技术成果大规模推向市场。

其次，研发和产业化之间缺少必要的衔接机制。由于缺少相应的科技成果中介机构和评估机构，民营企业在进行二次创业时一方面无法得到本行业发展的最新科技成果信息，另一方面对科技成果价值和应用前景的经济分析也难以确定，所以不敢冒险购买。

(4)管理混乱不适应技术创新的需要

民营企业的管理对技术创新的发展起着重要的作用,它将技术创新的各个要素和环节科学地协调组织起来,高质量、高效率地实现技术创新项目的预期目标。而不少民营企业存在管理混乱的现象,缺少健全的管理机构、合理的管理制度。家族式企业作为企业发展中的一个阶段,在当今社会大量存在,其管理模式在一定的历史时期有其优点。当企业规模较小时,家族式的管理模式问题不大,但当企业发展到一定规模以后进入二次创业阶段,由于这种管理方式缺乏竞争机制,容易任人唯亲和在决策上个人说了算,必然导致企业内部管理的混乱。

(5)民营企业技术创新缺少相应的人才

进入二次创业阶段后,不少民营企业由于缺少人才积累,原始性的技术创新无法开展,大多数民营企业不得不借助于外来技术,通过技术转移等方式获得技术成果。但即便如此,仍有相当一部分民营企业由于缺乏基本的技术人才,使得他们在技术转移过程中面临更多的困难,甚至在政府部门或有关组织提供一定的技术支持的情况下,一些民营企业仍然因为缺少能理解和接受这些技术支持的人力资源而未能有效利用。同时,也缺乏一支高素质的企业家队伍。一些民营企业已有相当的经营规模,但由于缺少高素质的企业家,凭经验进行市场分析和预测,凭主观意志和愿望制定管理决策,凭个人威信或家族观念从事日常管理,企业难以发展壮大;一些企业忽视市场营销,致使技术创新与市场相脱节,高科技产品得不到市场的认可,一些企业热衷于广告宣传制造“轰动效应”,将市场调查、市场预测和市场定位视为可有可无,忽视渠道网络建设、人力资源开发、战略计划的制订实施等工作。

5.3.3　技术创新的对策

(1)技术创新开辟专门的融资场所

在二次创业过程中,民营企业本身要从人力、物力、财力、政策制度等方面注重对技术研发的投入，提高企业技术创新能力。针对当前民营企业面临的技术创新融资难问题，民营企业应采取多种措施进一步拓宽融资渠道，促进金融资本同产业资本的有机结合，从根本上解决民营企业二次创业中技术创新面临的资金短缺问题。

(2)加大政府对技术创新的扶持力度

首先，可实施“民营企业技术创新研究计划”，每年从科技经费中，划出一定的比例，专门用于民营企业研究开发项目，并以项目为纽带，促进产学研的紧密结合，还可建立民营企业高新技术成果转化专项资金，对科技行政主管部门认定的民营企业实施高新成果转化项目，视其商品化、产业化不同阶段，采取贷款贴息、贷款担保和股权投资等方式给予资助。

其次，应进一步出台一系列鼓励民营企业技术创新的财税政策，如研究开发新产品、新技术、新工艺所发生的各项费用，可不受比例限制，计入管理费用；直接用于技术创新所进口的仪器、设备可根据有关规定免征增值税；民营企业实施的科研、生产性建设项目，同级政府减免项目用地的土地使用费等，并且要真正将这些政策贯彻落实到位。

最后，要重视对民营企业的知识产权保护。一是要加大舆论宣传力度，增强民营企业的知识产权保护意识。二是建立有效的知识产权管理和保护制度，提高企业知识产权的管理水平、运用能力与保护能力。三是完善知识产权法律体系，加大知识产权保护力度，充分发挥知识产权的效用。

(3)加强对企业内部技术创新的管理

对于二次创业的民营企业来说，随着生产规模的扩大和市场占有率的提高，针对产品和工艺的创新都相对增加，迫切需要加强对技术创新的管理。

首先，民营企业应建立技术中心、技术开发部或研究开发中心等专门的组织管理机构，以此来调动技术创新的各种资源，协调管理和实施有关技术创新各个方面和环节的工作。

其次，要建立一系列的管理制度，如信息管理制度、决策管理制度、计划管理制度、资金管理制度等。在管理制度上要针对不同类型、不同层次的创新建立一些奖励制度。对于技术创新人员应加强激励，如晋升职务、提高工资、增发奖金和其他精神鼓励办法，以真正起到激励的效果，调动广大员工创新的积极性和创造性。

最后，民营企业的技术创新应建立适合其行业、产品和工艺特点的技术创新运行程序。技术创新运行每个阶段的每项工作任务都应有明确的要求和规范性的标准，使一个技术创新项目能够高质量、高效率地运作并取得良好的效果。

(4)加强人才队伍和企业文化的建设

首先，民营企业特别是进入二次创业阶段后具有一定规模的企业，一定要重视人才战略。要完善民营企业内部分配制度，积极探索和应用如股权、息权等行之有效的激励和约束机制，利用“事业留人、待遇留人、感情留人”等方式留住一批一流的人才和关键人才，要加强人才开发和职业培训，为民营企业二次创业造就一批懂技术、会经营、善管理的复合型人才。

其次，民营企业家是技术创新活动的主要倡导者、决策和组织者，在二次创业中更加负有创新的重任。除了企业家自身要注重开拓创新精神和能力素质的提高外，各级政府部门要努力创造环境和条件，包括市场条件、学习条件、出国考察条件等，提高民营企业家的素质，尤其要强化企业家的创新精神。

最后，在二次创业阶段，要探索和发展有利于创新的民营企业文化，包括企业的价值观、企业精神、企业的经营理念、企业创新意识等。其中特别重要的一条就是要使全体员工有充沛的创新精神，形成一种鼓励创新的战略思维和文化氛围，这是增强企业活力、开展技术创新的重要源泉。

(5)建立技术创新的社会服务化体系

首先，要加大对民营企业的信息服务支持。要加快信息基础设施建设，积极建立面向民营企业、提供技术创新服务的完整的信息网络服务系统，为民营企业提供及时准确的信息，为推动产学研结合提供一个高效、便捷的信息通道。要适时组织民营企业参加产（商）品交易会、科技博览会、专利技术推广会等，以利于他们获取科技、产品和商业信息。

其次，要加强技术咨询和中介产业的引导扶持工作，大力发展专业咨询机构、技术交易中介组织和技术经纪人队伍，为企业提供包括战略、管理、市场、技术等方面的咨询和服务。

最后，各地应加快高新技术产业开发区和民营科技园的建设，以优惠的政策、高效的服务和良好的投资硬环境支持民营企业研究开发和技术创新，加快民营企业科技成果转化及高新技术产品的产业化步伐。

5.4 融资渠道创新是山东省民营企业二次创业的助推器

5.4.1 国内融资

(1)内部角度:民营企业应创造良好的融资条件

从内部因素的角度分析，民营企业要获得社会资金的支持，应为融资创造良好的条件。

第一，树立良好的信用观念。

民营企业要树立市场观念、效益观念、成本观念、风险观念和法制观念，增强财务杠杆意识和融资责任意识。有些民营企业缺乏长远眼光，为了减轻一时债务负担，不还贷款本息、逃债、废债。这些做法严重损坏了企业信誉形象，破坏了与银行的关系，难以得到银行长期资金支持，最终阻塞了融资渠道。为此，民营企业必须强化信用意识，保全银行债权，按时还本付息，若暂时归还不了，应与银行协商解决，建立良好的银企关系，为企业融资创造条件。

第二，改善企业自身的筹资环境。

企业的融资强弱，取决于企业的内部管理水平。经营者应充分了解银行的贷款条件，致力于创建知识型、科技型、特色型、创业型企业；重视市场调研与市场营销管理，使经营项目能适应市场需求，提高经济效益；重视发明创新和科技新产品的开发，及时改进落后的设备技术；重视财务管理，提高资金使用效率，增强信用意识，建立良好的企业信誉，只有当民营企业具有较高的盈利水平，才能具有较强的偿债能力，而较强的偿债能力和信誉是民营企业取得银行信赖和支持的基本条件。

第三，进行产业结构调整。

在激烈的市场竞争中，要想得到广泛的资金支持，民营企业必须不断优化产业结构，增强市场竞争力。国家在资金支持方面的重点，是那些产品科技含量高、市场潜力大的民营企业。民营企业应当注意产业升级和转化问题，找准自己的位置，注意在优胜劣汰中走出一条由低水平转化为专业化、规模化、优质化的发展道路。

第四，增强还贷能力。

民营企业资金紧张的原因关键在于产品市场效益的高低。民营企业起步发展的基础差，无资金支持，以致民营企业产品技术含量难以提高，更新换代的速度赶不上日益变化的市场，结果使民营企业发展的空间日益缩小。因此，民营企业走出困境的根本出路在于生产适应市场需求的产品[21]。

(2)外部角度：政府和市场应提供良好的融资环境

从外部因素的角度分析，政府和市场应为民营企业的发展提供良好的融资环境。

①转变观念，消除所有制歧视，坚持市场效率原则。

解决民营企业融资难的问题，首先要解决观念问题。政府在建设和政策调整中应注意保持政策的公平性和统一性，经济的主体地位要坚持，民营企业的社会效益和综合作用也要充分重视，唯有这样，市场效率原则和优胜劣汰机制才能够发挥作用，民营经济才能健康发展。

②建立和完善适应民营企业特征的间接融资体系。

第一，应重视发挥国有商业银行及中小地方性金融机构的积极作用，建立起正常的融资渠道和主要以民营企业为服务对象的服务分工体系，加大对民营企业信贷的投入力度。可考虑鼓励商业银行特别是国有商业银行在注意信贷安全的前提下，建立向民营企业发放贷款的激励机制，切实提高对民营企业的贷款比例。迫切需要的是大力发展地方性中小金融机构，建立和完善与民营企业相适应的多层次、多元化和多种所有制形式的中小金融机构体系。从需求前景看，民营企业的发展已经形成了巨大的小型金融服务需求市场，迫切需要社会地位与之对等的中小金融机构服务。这是因为，中小金融机构服务的优质、综合、高效特点和拥有管理层次少、成本低以及较好的地理、人缘优势，主要从事金融零售业务，正好适应民营企业的运行特点和融资需求，能够做好为民营企业量身定做多元化、多层次、全方位的创新金融产品和服务。现阶段，我国虽然形成了以城市商业银行、城市信用社、农村信用社为代表的地方性中小金融机构，但与巨大的市场需求相比还远远不够。

第二，可考虑建立为民营企业服务的基金。例如设立信用担保基金，对民营企业信用进行保险与再保险；设立发展基金解决民营企业二次创业、技术改造、开发高科技项目的资金要求；设立互助基金等。

第三，可考虑发展票据业务和同业拆借。因为民营企业对票据贴现和同业拆借运作相对比较熟悉，应发展并完善适当的运作环境。这样，既可开拓融资渠道，也提高了资金市场的效率。

③建立和完善适应民营企业特征的直接融资体系。

长期以来，民营企业融资过度依赖于银行等金融机构，这种结构单一的间接融资方式，在民营企业自有资本不多、经营风险较大的环境里，不仅限制了民营企业的融资规模，而且增加企业的融资难度和融资成本。因此，发展资本市场，开辟多种形式的风险投资资金的筹资渠道，鼓励民间风险投资，允许民营企业进入资本市场发行股票、债券，实现企业投资主体多元化，不仅是民营企业进行项目融资的一个重要选择，也是促进科技创新、发展高新技术产业的内在要求。

第一，要建立起多层次资本市场，其核心是建立起一个分层次的中小资本市场体系，即包括了二板市场、区域性市场、风险资本市场三个层面的资本市场，其中二板市场主要解决处于创业中后期阶段的民营企业融资问题。区域资本市场则主要为达不到进入二板市场资格标准的民营企业提供融资服务；风险资本市场则专门为处于创业初期的民营企业提供权益资本。

第二，从当前实际情况看，适时启动和发展债券市场，增加资本有效供给是更为现实的选择。应该改革现有的企业债券监管模式，推行民营企业债券发行核准制，放宽民营企业债券募集资金的使用限制和上市交易限制，在有条件的地区开设柜台债券交易市场，简化批准程序，提高审批效率，加强信息披露工作，确保公正、公平、公开。应该推动企业债券利率市场化改革，根据不同企业的资信状况、信用评估结果，由发行人、承销商根据市场情况，确定适当的利率，让投资者在承担风险的同时有满意的回报，也使筹资方能用其可以承受的利率获得发展所需资金。应该针对不同的经营主体、投资主体和资金需求主体，调整债券融资工具结构，丰富融资工具品种，给不同投资偏好的投资者以更大的选择范围。目前，根据民营企业的实际情况，可考虑发行集债券安全性和股票上涨吸引力于一体的可转换债券，视企业和市场规范程度决定是否转换为上市股票等。

④从培育企业市场竞争力角度出发，制定并实施有利于企业融资的优惠政策。

当前，制定并实施有利于民营企业融资的优惠政策主要有：

第一，政府财政扶持。政府有关部门应该逐步推出配套政策和办法。这些配套措施包括建立民营企业发展专项资金等。政府设立了专门资金，可对高新技术民营企业、风险经营企业提供专项贷款、贴息贷款等融资优惠，并从战略角度、从培育企业市场竞争力的角度制定实施相应的资金扶持计划等。

第二，金融优惠政策。诸如修改国有商业银行信用等级评定标准；保持国有商业银行对民营企业贷款份额；对民营企业贷款比重较高的商业银行实行坏账冲销等措施。

第三，税收优惠政策。政府要通过税收政策鼓励各类依法设立的风险投资机构增加对民营企业的投资等。

⑤建立和健全企业融资的社会化服务体系。

民营企业融资，需要有社会化服务体系保证。当前要尽快建立功能完备的民营企业管理机构及服务网络，将民营企业经营和融资纳入统一管理的轨道，消除因现行管理的分散性而带来的诸多问题。另外，还需建立和完善市场化运作的中介服务机构，帮助银行等金融机构解决信息障碍，做好科学信贷决策，既利于更好为民营企业服务，也利于防范信贷风险。具体来说：一是要有科学合理的评级标准。完善现行的信用等级评定标准，按国家新的《民营企业划分标准》分类评级，适当提高资本利润率、资产负债率、人均利润率等反映盈利性、竞争性特征的相对指标权重，使对民营企业的信用评估更趋合理公正。二是健全信用担保体系。建立民营企业信用担保中心、公司、协会，发挥其信用担保功能，引入信用风险机制，形成相对完善的民营企业信用担保体系。三是建立中介服务机构。建立和完善信息咨询、资产评估、财务顾问、产权交易等中介服务机构，加强对民营企业的中介服务。

5.4.2 国际化融资

(1)民营企业国际化融资的可行性分析

从使用方向上看民营企业国际化融资可以分为两大类：①企业在海外筹措

资金，用于企业在国内的投资和经营。②在海外筹措资金用于企业在境外投资项目的建设和发展。

从形式上看民营企业国际化融资可分为：①国际直接融资。主要是指企业通过与境外产业投资者通过谈判就产品的技术开发或新建项目设立合资、合作企业；企业通过在海外发行股票、债券等方式筹措企业发展和经营所需要的资金。②国际间接融资。融资的方式主要有政府贷款、国际金融组织和金融机构的贷款、融资租赁、基金等。

同时还要注意，在国际融资中找到合适的中介机构和合适的渠道也是必不可少的前提条件。这样，民营企业的国际融资是具可行性的。

(2)民营企业国际融资原则与战略

①民营企业国际融资原则。

民营企业国际融资的总原则是根据企业发展的实际需要和企业的承受能力，用相对低的成本获得所需要的外汇资金。其中所谓的相对低的成本，是指既要考虑资金的成本，也要考虑其他一些因素，如资金的投向、币种结构、期限结构等。

②民营企业国际融资战略。

第一，积极利用海外资金。

民营企业应积极到国际市场上去融资。这是由国内和国际两方面的现实条件决定的。从国内看，资金紧缺仍然是经济发展的一个基本制约因素。企业生产力还非十分发达，实际产出和可供即期使用的现实资源远非十分丰裕，而由此能够转化和形成的货币资本也并不特别富裕。从国际上看，国际市场上不仅资金供给量大，而且来源渠道广泛，且有较为健全和完善的融资机构和金融规则。民营企业，特别是那些开展国际经营的企业，应该突破过去传统资金观念的束缚，认识到负债经营本身是一种经营方式，是一种在更广阔的空间充分利用外部资源的经营方式。

第二,避免风险与降低成本并重。

受到国外不同的政治、法律和社会经济环境的影响,企业资产营运面临更多的不确定性和不安全因素。因此,避免风险,减少损失,成为企业海外融资战略的基本原则。同国内融资、国内运用相比,企业海外融资、跨国运营要多承担政治风险和外汇风险等多种经营风险。

第三,积极融资与加强资金管理相结合。

民营企业要对现有资金进行有效的操作和管理,并结合对税法的充分了解和利用,进行合理的税收筹划。对于一个成长中的企业来说,要尽量避免那些需要使用大量现金的商业行为,从而减少因资金周转带来的风险。

(3)民营企业国际融资的途径

国际融资的途径包括在国际金融市场上,运用各种金融手段,通过各种相应的金融机构而进行的资金融通。

①国外银行贷款。

随着金融市场进一步对外开放,外资银行加快了进入中国的步伐。它们拥有完善的风险控制体系,丰富的现代管理经验,熟悉国际业务。

国外银行贷款具有几个特点:一是国外商业银行贷款是非限制性贷款,我们可以更加方便快捷地进行资金融通。二是国外银行贷款利率比较高。三是国外银行贷款还款的方法多,贷款企业可以根据本身资金使用状况调整还款日期。

下面介绍几个对民营企业可行性比较强的金融产品:第一,无抵押贷款。贷款申请流程快速简易,采用按月分期还款方式,减少企业一次性还本的资金压力,方便企业资金周转,能够有效解决民营企业缺少抵押物或担保的难题。第二,贸易和流动资金贷款。贸易和流动资金贷款是融合了全部银行融资产品的全新组合。企业可以同时获得多种融资产品。第三,贸易融资服务。贸易融资服务是一种银行根据企业贸易方式和现金流状况提供的集结算服务和融资服务为一体的一站式解决方案，它涵盖银行保函、信用证开立、出口单据议付和信托收据融资等多种产品。此外，国外银行贷款还包涵项目融资、委托贷款、固定资产投资贷款等融资产品。

②境外上市融资。

境外上市融资，就是企业根据国家的有关法律在境外资本市场发行股票的一种模式。目前，民营企业实际可以选择的境外资本市场包括纽约交易所和纳斯达克股票市场、英国伦敦交易所、新加坡交易所、加拿大温哥华交易所等；这为中小企业特别是中小高新科技企业在证券市场上直接融资提供了广阔的空间。

③海外风险投资。

海外风险投资是指海外投资人将风险资本投资于国内新近成立或快速成长的新兴公司，在承担很大风险的基础上，为融资人提供长期股权投资和增资服务，培育企业快速成长，数年后在通过上市、兼并或其他股权转让方式撤出投资，取得高额回报的一种投资方式。

风险投资具有以下特点：首先，无担保。风险投资主要用于支持刚刚起步或尚未起步的高新技术企业或高新技术产品，没有固定资产或资金作为抵押或担保。其次，高风险。高新技术企业或高新技术产品在技术管理、市场政策等方面的风险都较大，即使发达国家的高新技术的成功率也只有20%～30%。当然，成功项目的回报率也是很高的。再次，多个项目组合投资。投资者为了分担风险，常常投资几个或十几个项目群，以其中成功的回报来弥补失败的损失。第四，属中、长线投资。一般从初创时投入资金，须3～8年才能收回投资取得回报。在此过程中，对成功有望的项目还须增资，因此可以说风险投资的流动性较差。第五，属权益资本。风险投资的着眼点不在于投资对象当前的盈利而是其资产的发展增值，因此投资对象的权益必须清晰。第六，是金融与科技、资金与管理相结合的专业性投资。投资者在向企业注入资金后必然介入该企业的经营管理，或者参与重大问题的决策，以尽力促使企业成功。

④海外私募股权基金。

海外私募股权基金是指通过私募形式，对国内非上市企业进行的权益性投资。投资者按照其出资份额分享投资收益，承担投资风险。在交易实施过程中附带考虑了将来的退出机制，即通过上市、并购或管理层回购等方式，出售持股获利。

私募股权基金具有以下几个特征：在资金募集上，主要通过非公开方式面向少数机构投资者或个人募集，它的销售和赎回都是投资管理人通过私下与投资者协商进行的。另外，在投资方式上也是以私募形式进行，绝少涉及公开市场的操作，一般无须披露交易的细节。多采取权益型投资方式，绝少涉及债权投资。私募股权投资机构也因此对被投资企业的决策管理享有一定的表决权。反映在投资工具上，多采用普通股或者可转让优先股以及可转债等工具。

⑤海外天使投资。

海外天使投资指海外自由投资者或非正式风险投资机构对国内原创项目构思或小型初创企业进行金融与保险的一次性的前期投资，它是风险投资的一种形式。在风险投资领域，“天使”这个词指的是企业家的第一批投资人，投资金额一般较小，但回报率较高。

天使投资具有如下特征：天使投资的金额一般较小，而且是一次性投入，投资方不参与管理，它对风险企业的审查也并不严格。它更多的是基于投资人的主观判断或者是由个人的好恶所决定的。通常天使投资是由一个人投资，并且是见好就收，是个体或者小型的商业行为。很多天使投资人本身是企业家，了解创业者面对的难处。天使投资人是起步公司的最佳融资对象。天使投资人不但可以带来资金，同时也带来关系网络。如果他们是知名人士，也可提高公司的信誉。

(4)政府为完善民营企业国际融资条件应采取的对策

企业进行国际融资是一项复杂的经营活动，受到多方面制约，其中相关管理部门的作用是十分关键的。有关部门应制定相应的对策,多方面改善民营企业海外融资的条件,使民营企业能更多更有效地利用国外的资金来源,用于民营企业的发展,最终推动经济的增长和发展。根据国际融资的现状与限制,政府应从以下方面解决民营企业的融资问题:

第一,改革的外汇和金融管理体制,扩大跨国经营企业融资和投资的自主权。政府应该适度放权,赋予一些有实力的跨国经营企业以充分的海外融资权和投资权,利用各种渠道获得国外贷款,以增强跨国企业的海外融资能力和自我发展能力。

第二,建立和完善跨国经营方面的宏观财政政策,构建中国银企集团,提高海外企业的资信,增强融资能力。同时,深化金融体制改革,培育金融市场。

第三,促进金融机构的国际化。在引进外资银行的同时,金融机构要主动出击,向国外扩展,为我国企业在海外筹集资本。

第四,允许企业在海外设立自己的金融机构,允许外国政府贷款项目可适当转贷给企业。

第五,培养和利用国际金融专门人才,提高国际融资的效率。

5.5 管理创新是山东省民营企业二次创业的桥梁和纽带

5.5.1 管理观念创新

思想是行动的向导,进行管理创新,是任何民营企业的二次创业都无法回避的思维选择。实际上,民营企业二次创业的创新管理并非单纯意味着更新制度、改变规范、变更模式,而是一场深层次的思维革命。民营企业应注重管理意识的创新,将管理看成是投入企业的一项资源,尽量降低内部组织成本。观念创新是企业为了取得整体优化效益,打破陈规陋习,克服旧有思想束缚,树立全新的管理观念。世界经济由工业经济时代过渡到知识经济时代，思想观念应及时转变，使企业有可能抓住社会大变革时期的宝贵机遇而迅速发展。民营企业必须坚持“以人为本”，进行柔性管理，人不是创造财富的工具，人是企业最大的资本、资源和财富。民营企业必须确立以人为本的管理思想，重视人力资源管理。

5.5.2 组织创新

(1)组织结构创新

个别民营企业在创业初期大都采用简单的直线式组织结构，实行集权式管理，随着企业规模的不断扩大，组织结构不断正规化，形成官僚层级式组织。这种组织结构的优势在于内部管理效率较高，便于高层管理者对企业的控制，但对市场变化的反应相对迟钝。随着企业规模的进一步扩大，这一缺陷的负面作用更加突出。基于此，组织结构的变革和创新成为民营企业二次创业管理创新的重点。在世界经济全球化、市场化、信息化这个大背景下，民营企业必须创造一个敏锐、行动快捷、积极创新的组织才能生存和发展。随着民营企业规模的扩大，市场范围的扩大以及顾客要求的多样化，柔性化组织是民营企业的必然选择。组织柔性化，可以实现企业集中与分散的统一，稳定性与灵活性的统一，可以节约管理成本和提高管理效益。

目前，企业的内外部环境不断变化，工业时代后期所创造的“金字塔”组织结构受到了极大的压力；传统的垂直式功能化管理组织模式受到挑战；著名的“控制幅度”原则在企业组织结构的设计中失效了。因此，新的企业组织不是控制组织，而是信息化的组织。例如：对于扁平化组织，企业不必要的协调机构和那些专门传递信息的中间环节应精简掉，转而采取划小核算单位、下放决策权限、实行自我管理、精简中间控制管理层次的组织形式。

(2)组织方式创新

在组织结构上,从“非管理分工”简单型组织向“管理分工合作”现代型组织转变。民营企业创业之初,出于降低人力成本考虑,往往实行“一人多职”,缺乏专业分工,造成部分管理职能的缺位。当企业需要二次创业时,管理的复杂度和协调的工作量决定了必须向管理职能化演变,一般的职能制组织形式已不能胜任,应建立起与发展战略相匹配的分权制组织形式,如产品事业部制组织结构、区域事业部制组织等。

5.5.3 管理方式创新

(1)制度化管理

制度化管理是由德国著名思想家马克斯·韦伯提出,并为现代大型组织广泛采用的一种管理方式。以制度规范为基本手段协调企业组织集体协作行为的管理方式,就是制度化管理。与传统的以非正式权威为主进行的管理相比,制度化管理具有巨大的优越性。

建立系统化的管理制度包括两个主要内涵:一是企业应实行整体而非零乱的管理制度,计划、组织、用人、指导、控制一贯化;二是企业的管理制度要使计划、组织、用人、控制条文化和惯例化,以利于“例内行事”(不必请示)和“例外行事”(必须请示),使常规、重复、日常的工作效率化和重大长远、特殊的工作重视化。

建立系统化的整体管理制度,必须对现有企业组织结构和职能进行分析;对全部的组织结构和功能职能进行分析;在以上范围内对核心部门进行分析;通过系统分析找出现有体系中必须新增或调整的部门及建立相应的功能、职能和运作程序,进而建立系统化的制度基础。

(2)人性化管理

制度化管理倾向于把管理过程和企业组织设计为一架精确、完美无缺的机器，只讲科学规律和理性，而不考虑人性。然而企业组织是由人组成的集团，人不是机器，不可能像机器一样准确、稳定、节律有制，人有感情，有情绪，有追求，有本能。因此，在强调制度化的同时，还要注意人性化管理。民营企业更应重视两种管理的关系，应以制度化管理为基础，谋求制度化与人性化、制度化与灵活性的平衡。民营企业的人性管理就是要培育、激发员工的积极性，使员工自觉接受“企中有我，我中有企”“企荣我荣，企衰我耻”的民营企业文化和民营企业精神。民营企业应加强对员工的人性管理，民营企业应以心待人，以诚待人，将不同素质、不同层次的员工的不同思想统一到民营企业所设定的人性文化之中。民营企业必将赢得新的机遇，实现稳定可持续发展。

“人性管理”主要体现在培养集体意识和职业道德方面，以下工作必须引起民营企业的足够重视：

第一，形成共同的利益和目标。共同的目标是协作意愿的基础。个人目标及个人利益是员工行动的基本动力，它们与企业的组织目标和总体利益之间有一致性，也存在一定的差异。只有将个人目标导向企业共同目标的轨道，才能推动员工为完成工作任务做出贡献，企业的全体成员才能团结一致共同奋斗。调查表明，在实行全员股份制的企业，企业的利益与个人的利益息息相关，从而增强了企业的凝聚力和向心力，员工自觉保持高昂的士气和热情，保证企业高质、高效、高速的运转。

第二，重视非正式组织的作用。非正式组织赋予企业更多活力，促进信息沟通，维护人格完整。非正式组织对企业管理的组织、领导、沟通、决策都有着重要的影响。这一点在民营企业中尤其突出。老板往往只把员工当作“经济人”，往往简单地以经济利益作为驱动员工的唯一手段，而忽略了员工的归属需要和成就追求，不重视企业内部的人际关系，更不会利用客观存在的非正式组织提高组织的凝聚力和效率。因此，民营企业应根据员工的不同需要，提供合理的诱因，充分激发员工的积极性。

第三，在工作任务机制上，必须建立科学的授权机制和决策机制。民营企业必须建立科学的授权机制。高度集权是民营企业普遍存在的突出问题，二次创业中，应做好合理的制度分权与工作授权，以调动下级工作热情、培养下级才能和弥补上级才能不足；同时，减轻主要决策者的负担，使其能集中精力考虑企业战略问题，保持整体方向的正确性，保证改革后的决策机制合理有效。

5.5.4　人力资源管理创新

(1)人力资源管理机制创新

第一，完善人力资源基础工作，做好工作分析和岗位评价，科学制订人力资源规划。

完善人力资源基础工作，关键要做好人力资源规划和工作分析等工作。人力资源规划是对企业人力资源需求和供应的分析预测过程；工作分析主要分析该岗位的责任是什么，什么特点的人能胜任这一岗位。工作分析是整个人力资源管理系统的“基石”，工作分析的质量和效果决定了人力资源体系的完善和各个功能模块的实现。人力资源规划的结果能够确定企业究竟缺哪些岗位；而工作分析的结果，能够使管理者了解什么样的人应该被招聘进来填补这些空缺。所以只有做好与企业发展战略相结合的人力资源规划、做好工作分析，才能夯实民营企业的人力资源管理的基础。

第二，建立科学的人才筛选机制。

人才是企业最宝贵的经济资源。民营企业进行人事制度改革，就要逐步走出家族制在人才筛选方面的困扰，按照“贤者居上、智者居侧、能者居中、功者居前”的用人定位，不拘一格引进人才。

第三，建立科学的人才评价与考核机制。

考核是奖罚的依据，奖罚不公正，会挫伤员工积极性。考核应以关键业绩为主，对不同类型岗位制定不同的关键业绩指标体系，使考核尽可能量化。不少民营企业爱用“模糊概念法”评价和考核员工，用“保密法”奖励员工，这样做老板的权威虽然更大更神秘，但考核奖励的鞭策激励作用就小了。

第四，引入绩效管理体系，使企业绩效考核行之有效。

绩效管理是人力资源管理的核心，绩效考核是绩效管理的关键部分，考核结果是企业员工招募甄选、培训、职级升降、薪酬发放的标准。目前一些企业“秋后算账式”的绩效考核如过眼烟云，流于形式，最大的原因就在于没有引入绩效管理体系，没有制度做保障。在缺乏良好的绩效评估与激励机制的情况下，员工缺乏积极性，甚至缺乏归属感，往往不会专心工作，更不会对企业“一心一意，白头到老”。所以，民营企业应逐步引入绩效管理体系，采用科学合理的、切合企业各层员工科学合理的考核方法，使企业绩效考核行之有效，并将绩效考核结果应用于企业管理的各个方面。

第五，建立基于绩效的分配制度，激发员工的工作积极性。

薪酬既是保健因素，又是激励因素，基于绩效的薪酬，对员工的激励作用较大。工资、奖金如果没有真正与员工的业绩挂钩，既违背了薪酬激励中多劳多得的原则，也不利于员工积极性的激发。所以应及早建立基于绩效的薪酬制度，将薪酬与绩效挂钩就是要把绩效考核的结果充分应用到薪酬体系之中，根据职位价值和任职资格评价体系确定员工的基本工资，根据关键业绩指标体系和能力评价体系确定员工的绩效工资，构建包括基本工资、绩效工资、福利以及长期激励的全面薪酬体系。

第六，建立科学的人才培训机制。

对于民营企业来说，员工培训有利于提高员工技术素质、服务质量，为塑造企业的核心竞争力搭建平台。民营企业要实现可持续发展，必须保证人力资源的可持续性，把员工培训作为一项重要的核心竞争力来培养，从各个方面挖掘员工的潜能。此外，还需要改善员工的工作、生活条件，注重员工的健康保健，只有这样才能达到"士为知己者用"的效果。

(2)人力资源激励机制创新

第一,学习激励。

企业要发展必然需要与之配套的新知识、新技术、新管理。民营企业要发展,老板自己要带头充电,学习新的技术、新的管理知识。仅仅自身学习还是不够的,民营企业老板还要带动共同创业者、原始股东,激励大家通过学习开阔眼界,提高自身素质,由经验管理向科学管理转变,由人治向法治转变,用规章制度讲话,带动企业的二次腾飞。

第二,物质激励与精神激励相结合。

在现代社会中,随着社会生产力的发展和物质财富的不断丰富,单靠物质利益已经难以体现人生的价值,人们的需求更注重精神方面。因此民营企业激励机制必须将物质利益激励与精神激励有机结合起来。企业管理者必须尊重员工的人格和尊严,主动与员工进行感情、思想交流,有意识培养员工的企业荣誉感、事业成就感,使他们享受在本企业工作的快乐。此外,民营企业的老板要给予人才以足够的信任,要敢于下放权力,让他们看到施展才华的希望。委以重任是激励员工,尤其是知识型员工的重要途径。

第三,股权激励和沉淀福利激励相结合。

所谓股权激励指的是公司与部分员工或全部员工之间进行某种股权安排,其目的在于从报酬获得和所有者权力两方面给予奖励,从而实现对员工的长期激励。在民营企业中实施股权激励制度,可以在很大程度上缓解民营企业目前面临的成长极限问题,调整企业内部结构,释放组织潜能,从而突破管理瓶颈,完成企业的二次创业。民营企业实行经营者持股主要是为了吸引和留住中高层管理人员和关键技术人员,因此经营者持股对象应以中高层管理人员和关键技术人员为主。

企业还可以通过年金计划中“权益归属”的设定，利用福利沉淀实现有效激励，留住人才。很多企业在用高薪酬福利制度实现激励的同时，用期权的形式做一些规定以起到留住人才、长期规划的目的。在年金的计划中，设定权益归属方案，规定服务满一定的年限后方可获得相应的年金权益，与即时兑现的奖金福利相比，年金既使员工得到了鼓励，又达到了类似期权的良好效果，而且操作上又比期权要简单、方便得多。

第四，环境激励。

环境激励是指通过改善工作环境、生活环境和人际环境等来吸纳和稳定人才。环境宽松，人际关系融洽，氛围温馨，生活安定，心情愉悦，人的潜能就能得到充分发挥。一些人频繁跳槽，不完全是收入问题，而是觉得管得太多、太死，限制太厉害。面对激烈的人才竞争，收入是重要的但不是唯一的因素，为了把优秀人才引进来，把优秀人才留住，除了通过各种方式使人才增加收入外，还要改善企业的工作环境。良好的企业环境是一个能够让企业的员工获得与其贡献相适应的回报的环境。所以，只有当企业给予员工的回报让他感到有所值时，才能达到吸引、留住人才的目的。

第五，事业激励。

事业激励是指企业的目标，发展前景让人才感觉有吸引力，值得留下来，并为之奋斗和努力。其实，事业的发展需要人才去推动，人才的稳定需要事业来吸引，越是高层次的人才越看重事业、成就和发展前景。因此，我们的企业要拓展事业领域，要不断给人才提供好的项目。只有好的事业与科技含量高的岗位，才可能为人才充分发挥才干提供舞台。当一个组织的所有成员都深信其所从事的事业有广阔的前景和崇高的社会价值时，他们就会充满热情、才思敏捷、积极进取，就会最大限度地发掘自己的潜能，并与企业风雨同舟，为实现自己和企业的共同目标而奋斗。

5.5.5　完善公司治理，实现科学化管理

民营企业要想取得长远的稳定发展，就必须要做好企业内部的制度建设和结构建设。

(1)提高董事会的独立性

由于家族通常是通过控制董事会来实现家族意志的，因此提高董事会的独立性对家族式民营企业显得尤为重要，可以在一定程度上防止家族意志无约束地扩大。提高董事会的独立性，意味着增加独立的非执行董事在家族式企业董事会中的数量，并增强其在监督公司经理层方面的独立性，独立的非执行董事可以对公司经营战略的制定以及公司财产权利的规定施加更大的影响，在特别的情况下，甚至可以通过公司章程赋予独立董事在公司重要人事任免、战略投资、财产处置上的特别权力。

(2)实施决策机制改革，真正建立独立董事制度

独立董事是指独立于公司股东且不在公司内部任职，并与公司或公司经营管理者没有重要的业务联系或专业联系，并对公司事务做出独立判断的董事。独立董事既不代表出资人，也不代表高层管理者，而且与企业中各相关主体没有深层次经济利益关系。独立董事，一方面，代表全体产权所有者和企业整体利益，为企业利益最大化目标而工作，从而获得自身的经济利益；另一方面，又独立于企业以及一切与该企业有关联的实体和商务活动。家族制企业设置独立董事，并切实发挥其作用，有利于改善治理结构，有利于加强企业的专业化运作，提高董事会决策的科学性，有利于强化董事会的制约机制。从这个意义上说，尽管独立董事并不占有企业产权，但设置独立董事实际上相当于为企业产权增加了一个利益保障的主体。

(3)引入外部监事

目前，在个别家族式民营企业中，监事会形同虚设，其职能得不到有效的发挥，原因在于个别家族式民营企业监事会成员都来自家族的内部或管理层。所以通过引入外部监事，由本公司外部的专业审计人员、会计人员来担任企业的监事会监事，可以改变家族式企业监事会成员的构成，真正发挥监事会对家族式企业经营者的监督作用。从改组企业的领导结构入手，通过从社会中公开招聘企业的中高级管理人才，优化企业领导的组织结构和领导结构，从整体上改变企业的家族式领导。

(4)建立有效职业经理人激励机制

在民营企业制度构架条件下，建立有效的经理人激励机制可以从以下几个方面着手：

第一，建立长期有效的报酬激励机制。实行股权和期权激励制度，把经理人员变成企业所有者，是建立有效的长效报酬机制的一个重要前提条件。股票期权这种延期支付把职业经理个人利益与公司长期利益联系在一起的制度安排，解决了民营企业职业经理人力资本报酬制度长期激励空缺的问题。随着我国资本市场、产品市场、经理人市场和整个经济制度环境的逐步完善，职业经理人力资本股票期权报酬制度的空间会越来越大，效果也越来越好。

第二，形成系统的职业经理人力资本精神激励机制。根据美国心理学家亚伯拉罕·马斯洛的需求层次论，人的需求从低级到高级依次分为生理需要、安全需要、社交需要、尊重需要和自我实现的需要。声誉激励就是满足尊重需要的一种方式。精神方面的激励更有助于解决道德风险问题。职业经理人力资本精神激励关键在于承认职业经理人力资本的价值，提高职业经理人力资本在企业经营中的地位，增强职业经理在企业经营活动中的权利。

(5)科学地划分董事会、经理班子、监事会的权责

董事会应当享有出资者权益，负责决定企业发展战略、方针、长期经营计划

及人事安排等重大事项。企业经营班子则负责经营管理工作。企业监事会要通过有关制度建设等措施对企业董事会与经营班子行为、对企业财务与投资等有关决策行为进行监督。总之,要通过对企业董事会、经营班子、监事会责权的科学划分建立起公司制民营企业决策、执行、监督体系,构筑起企业内部相互制衡机制。

(6)制定科学有效的管理制度,实现规范化管理

民营企业要制定科学有效的管理制度,规范经营行为,强化风险预警机制,奖惩有度,激励员工积极性,为企业挖掘招揽人才,增强企业软实力。

5.5.6　管理创新的新趋势

(1)企业智能化

对民营企业来说,现代信息技术及其设施的拥有和利用已成为评价其信息化管理程度以及企业综合竞争力的一个重要尺度。信息技术的发展与应用,推动企业管理不断创新,新的管理模式又让技术创新更加活跃、高效,形成管理创新与技术创新融合发展的态势。云计算、大数据、物联网、移动计算、区块链、管理软件、工业互联网、人工智能以及VR/AR(虚拟现实、增强现实)等技术的不断创新和综合运用,促进企业由数字化、信息化向智能化升级。

(2)组织结构柔性化

民营企业必须不断提升敏捷度与灵活性,才能有效应对复杂多变的客户需求与不确定性极高的外部环境。企业的组织结构需要随着企业的战略调整、业务变化进行重构,组织结构趋于扁平化。柔性化组织结构中集权与分权相结合,稳定性与变化性相统一,灵活性与多样性相协调,保证了企业充分利用资源,为企业提供了对内外部环境变化的应变能力,提高了企业在市场中的竞争力。组织柔性化具体体现为组织关系网络化、管理层级扁平化、组织结构组合

化与组织边界动态化等特征。

(3)资源共享化

随着信息技术的高度发达与市场竞争日趋激烈,民营企业越来越多地借助于外部的人力资源与外部力量来弥补自身的不足,两个以上的独立公司组成临时的合作伙伴关系,通过共享技术、分担费用、联合开发等形式在信息网络基础上形成新的企业组织形式——虚拟企业。虚拟企业组织使得企业创造效益的主要方式从"占有资源"转向"利用资源",人们对资源的关注从"所有权"转向"使用权",基于共享模式的企业及企业间的合作模式获得了快速的应用和发展。

(4)运营精益化

随着IE(Industrial Engineering,工业工程)、JIT(Just In Time,准时制)、TQM(Total Quality Managment,全面质量管理)、六西格玛、精益管理等管理思想和方法在企业中的创造性广泛应用,民营企业生产系统日益精益、高效,使得企业在缩短流程、降低成本的同时,产出数量更多、质量更高的产品。目前,不少民营企业已将精益思想与方法向供应链两端延伸,不仅应用于生产,还进一步推广到研发、营销等多个环节。

(5)战略生态化

越来越多的民营企业的经营管理向供应链、产业链、平台化、生态化转变,开始实施生态化发展战略。民营企业生态模式超越传统的行业巨头与合作伙伴间的控制与依赖关系,构建生态伙伴共享、共生、共赢的新型关系。

(6)经营国际化

在我国高度融入世界经济体系的新阶段,民营企业要充分利用国际经济结构深刻调整的机遇,加快推进国际化经营,在"一带一路"国际合作中主动作为,不断增强在全球范围内配置和重组资源的能力,真正做到"走得出、站得住、有实效"。同时,注重提升国际影响力与话语权,从过去按照他人制定的游戏规则参与国际竞争，转变为主动参与并引领国际规则的制定，努力掌握国际竞争的主导权、定价权和资源配置权，不断提升企业国际化经营管理水平。

5.6 营销创新是山东省民营企业二次创业的关键

5.6.1 产品再定位

(1)产品再定位的概念

产品再定位是美国的瑞恩和特鲁特于 1972 年首先提出来的。它是指对现有产品(质量、款式、包装等)进行的创造性活动。民营企业二次创业的定位，就是对产品和品牌的再定位。再定位能赋予产品或品牌崭新生命的境界，再定位对于正处于二次创业过程中的民营企业是非常重要的，它不仅是基本的营销因素，还是制定各种营销策略的前提和依据。产品再定位能创造品牌差异从而形成民营企业在二次创业中的竞争优势。

(2)产品再定位的步骤

民营企业的产品再定位必须按一定的程序进行操作，科学的产品再定位一般经过以下步骤：

第一，确定产品需要重新定位的原因。

产品重新定位有多方面的原因，企业应分析现状，重新认识市场，从产品的销售现状、行业的竞争状况、消费者的消费观念变化、企业的发展目标方面分析市场，是什么原因要求企业对产品进行重新定位，企业应有明确的认识。

第二，调查分析与形式评估。

确定了重新定位的必要性以后，必须对产品目前的状况进行形式评估，评估的依据来源于对消费者的调查，调查内容主要包括消费者对产品的认知和评价、消费者选择产品时的影响元素及其序列、消费者对产品的心理价位、消费者认知产品渠道及其重要性排序等，并根据调研的结果对现有产品做出总体评估。

第三，锁定目标消费群。

细分市场有各种不同的细分方法和细分标准，但不管什么产品，都会有它的目标消费群体，因而企业应根据消费者特点，将市场划分为不同类型的消费者群体，每个消费者群体即为一个细分市场。重新定位的产品针对哪个细分市场，企业应根据调研的数据和产品的特点和优势，锁定自己的目标消费群体。

第四，制定定位策略。

企业确定自己的目标消费群体以后，还必须对目标消费群体进行进一步的分析，对目标消费群体的生活方式、价值观、消费观念、审美观念进行广泛的定性调查，以确定新的定位策略。新的定位策略最好制定几个不同的方案，每个方案都进行测试，根据目标消费者的反应，来确定最好的方案。

(3)产品重新定位的策略

定位就是要为消费者提供某种独特的利益，重新定位策略可以归纳为三大类。

第一，功能性利益定位策略。

产品的功能是消费者购买产品的重要前提，消费者购买产品首先是要获得产品的使用价值。如果产品有功能上的创新，能从功能上吸引消费者，那么进行功能性定位不失为明智之举。从产品的功能上为消费者进行定位，也是企业常用的定位策略。

第二，情感性利益定位策略。

情感性利益是指消费者在购买、使用某种品牌产品的过程中获得的情感满足。情感性利益定位必须以卓越的功能性利益为支撑，情感定位的主题可以是亲情、友情或爱情，情感性利益定位的关键在于能触动消费者的内心世界。在产品同质化越来越严重的今天，越来越多的品牌产品依靠提供的情感性利益来与竞争品牌形成差异。如福建的雪津啤酒，以前的定位从“享受生活，还是雪津”到“飞越世纪，难忘雪津”都难以明确品牌产品的形象，后来重新定位为“你我的雪津——真情的世界”，并用亲情、友情和爱情去演绎品牌产品的独特个性和内涵。重新定位后，雪津啤酒跻身于全国行业十强。

第三，自我表现型利益定位策略。

当产品成为消费者表达个人价值观、财富、身份、地位、自我个性与生活品味的一种载体与媒介的时候，产品就有了独特的自我表现型利益，自我表现型利益定位也必须以卓越的功能性利益为支撑。比如家用电器，消费者较关注产品的技术、品质和使用的便捷性，所以常采用功能性利益定位为主；食品、饮料现在较多的用情感型利益和自我表现型利益去打动消费者；高档服饰、名表、名车则主要用自我表现型利益为主[21]。

(4)着力加强品牌塑造

品牌是企业的无形资产，是作为企业生产产品和提供服务的标识，其具有重要的价值性。企业建立良好的品牌形象不仅有助于提高企业的市场竞争力，还有利于企业获取社会认同，进而提升经营业绩。山东省民营企业应把自身品牌形象建设工作纳入企业的发展规划，系统性地按照计划实施公司的品牌形象传播工作。

第一，设立品牌经理，对企业品牌进行专业化管理和营销。

设立品牌经理可以使民营企业的品牌有一个长远的规划，同时可以对民营企业的品牌实行专业化的品牌营销，使之真正成为一种具有市场竞争力和持久生命力的品牌。对于民营企业来说，品牌经理的重要性更是可想而知。民营企业管理者应当充分认识到这一职务的重要性，设立品牌经理，实施强有力的品牌营销战略。

第二，实行从“点”到“面”式的辐射式品牌塑造模式。

民营企业可以使用由“点”到“面”的“辐射式”的品牌营销模式。所谓的由

“点”就是民营企业可以从诞生地这一“点”的市场开始，为自己诞生地的目标市场“量身定制”营销策略，充分满足自己诞生地的市场的顾客需求，为顾客创造价值，获得当地市场消费者的充分认可，在诞生地市场享有绝对的有利地位。而所谓的向“面”辐射式品牌营销是指民营企业可以利用诞生地市场的良好品牌声誉，进行品牌的口碑营销，向“面”也就是更为广阔的市场拓展。由于民营企业的品牌知名度较低，媒体广告的宣传一方面无法形成迅速的消费者认同，甚至会引起消费者对于该品牌的厌恶情绪；另一方面，民营企业的资金实力有限，这样的广告宣传过于消耗和占用企业的资金，使企业无力承担。因此口碑营销是最适合成长中的民营企业。“口口相传”更加具有说服力，使产品更加容易获得消费者认同，口碑营销所形成的品牌口碑也是企业一种重要的无形的资产。同时，民营企业要充分利用网络等多种渠道传播和推广企业良好品牌形象，提高企业的知名度、美誉度，要积极化解危机事件，及时消除社会面对企业形象产生的负面影响。

第三，更加注重消费者需求，使消费者产生“品牌联想”。

消费者对于企业品牌的感知最重要的是两个方面：首先是否能够满足自己的需求；其次是否能够对于品牌产品质量毫无顾虑。满足以上两个条件下，企业的品牌能够给消费者带来正面的“品牌联想”，这种正面的“品牌联想”给企业带来的是消费者的品牌忠诚和巨大的品牌竞争力。民营企业的优势在于能够了解自己所在地市场的消费者需求，能够较好地根据目标市场的需要，对自己的产品进行全方位的设计和完善。

第四，不断进行品牌创新，使自己的品牌保持市场活力。

民营企业要不断进行品牌创新，不断挖掘产品的价值，不断根据目标市场的具体需求发展自己的品牌产品价值，不断地为消费者创造出溢出价值，只有这样民营企业的品牌才能够保持和增加自己的品牌竞争力。民营企业的管理者一定要意识到品牌创新的重要性，在实践中不断进行品牌创新的探索。

第五，要在企业内部树立员工的企业品牌意识。

一方面要通过企业品牌意识的日常传导，强调品牌对企业的重要性。通过专项的品牌管理培训课程，使企业员工充分认识到品牌形象对于企业发展的重要性，增强其维护企业品牌行动的自觉性，将工作做到最好，以实际行动维护公司的品牌形象。

5.6.2　市场再定位

(1)重视经济信息及产业信息

民营企业由于人力及财力有限，信息来源比较有限。因此，各级政府应根据经济发展的趋势及时地、经常地为中小科技企业提供实用的经济及产业信息，设置专门的产业信息机构，为中小科技企业提供有效的服务，以避免中小科技企业市场定位的盲目性。

(2)专业化是民营企业生存的基点

首先，专业化战略是民营企业生存成长的基本战略，可以分为两大方面：一是进入市场空白领域，实行集中的市场目标策略，努力开发或利用一个或若干个有利可图的“小环境”市场，同时又最大限度地躲避与较大企业直接较量的风险；二是通过专业化分工和协作、增强民营企业之间或民营企业与大企业之间的联合和协作，建立相互依存、共同发展的市场格局。

其次，市场空白领域，是指大企业鞭长莫及或不愿插手的领域，大企业在追求规模经济过程中，对小批量、多品种产品往往难以涉足或不愿意顾及，这样就为民营企业提供了发展空间。显然这种立足于拾遗补缺的专业化市场策略，是符合民营企业特性的明智选择。

再次，现代社会分工协作体系客观上要求民营企业与大企业并存，大企业在追求规模经济的过程中，只能在某个或几个方面实现规模经济，对其余部分必然要求有助于社会化分工协作，以便能集中精力搞好市场开发、产品设计。这就在客观上强化了大企业对民营企业的依赖性，这样就为民营企业提供了生存、发展空间。民营企业应形成一种生存互补的协作关系。在现实中，加强民营企业与大企业的分工合作，可以促进民营企业的发展壮大，更为重要的是可以减少重复投资，有利于企业发展成国际上有影响、有竞争力的特大型企业或企业集团。

(3)特色化是民营企业发展的必由之路

由于规模较小，所以民营企业在生产成本方面不占优势，由于难以形成规模经济，其产品单位成本较高。为避免与大型企业发生正面冲突，民营企业通常将自己的全部资源集中于一个相对狭窄的市场缝隙中从事专门化生产，并力争在特定的市场缝隙中坐上头把交椅。但是，民营企业要在特定市场获得长远发展，还必须具备一些独特的，别人无法模仿的特色。在市场竞争中，特色化更加重要，更能体现核心竞争优势，这些特色可以对抗大企业及其他民营企业的竞争，使民营企业能够在夹缝中获得生存和发展。

(4)开拓新兴服务市场

工业化国家经济发展的历史告诉我们，工业现代化将极大地拓展服务业的市场空间，我国社会经济的发展已经证明，无论是由管理咨询公司、市场调研公司、律师事务所、会计师事务所等公司提供的知识技术密集的服务还是由家政服务等公司提供的劳动密集型服务，社会的需求都在不断上升。与制造业对资金的需要量很大相反，这类公司需要的更多的是知识创意和劳务，这是适合民营企业活动的一个大舞台。

随着知识经济的发展，知识和专有技术变得越来越稀缺，用专有知识和技术整合其他资源而创办公司变得越来越现实可行。“技术＋风险基金”的创业模式造就了很多像搜狐、网易之类的科技型民营企业。北京一些经济类报纸，租着别人的办公楼，完全是白手起家，自有资产也就是几台电脑和办公用具，六七十个采编工作人员，一年下来，扣除房租、工资、办公费用以及报纸印刷费用，净营利少则几百万元，多则一两千万元，人均纯利润高达几十万元。

5.6.3 营销策略再定位

(1)民营企业营销策略再定位的意义

在产品(服务)买方市场的情形下，营销是所有企业的重中之重。民营企业在发展中积累了一些内部瓶颈急待突破，研究其营销策略的再定位可以帮助民营企业以营销策略的创新带动整个企业管理的创新。

(2)民营企业二次创业的营销策略创新

民营企业二次创业的营销策略创新应该注重以下三个方面：

第一，营造竞争优势。

民营企业要在市场竞争中求得生存与发展，就必须学会在市场缝隙中求得机会，扮演好市场补缺者的角色，通过选择使企业发挥自身优势的细分市场进行专业化经营，集中力量于某个特定的目标市场，或严格针对一个市场，或重点经营一个产品和服务，创造产品和服务的优势。采用这种经营方式有三方面的好处：①民营企业可以通过扩大生产批量、提高专业化程度和产品质量，提高规模经济效益；②随着需求多样化和专业化程度的提高，大企业也普遍欢迎这些专业化程度高、产品质量好的民营企业为其提供配套产品；③经营目标的集中，有利于民营企业提高管理水平，提高技术水平，争取市场有利地位。

第二，与大企业友好合作。

民营企业通过利用与大企业友好合作方式，可以扩大生产规模，增加收益，提高市场份额。同时，企业在实施这种战略的同时，还必须注意解决与大企业协作的条件，即作为大企业的加工承包单位或委托加工单位，在决定价格、交货期、质量、支付条件等协作条件时，一方面需要承包企业注意谈判的策略，以一种对等的关系来确定协作条件；另一方面还要求承包企业不断增强自身的实力，以争取主动。此外，民营企业在协作生产期间，必须注意技术积累，不断增强自身的管理能力，提高产品质量，树立信誉，逐渐摆脱大企业的制约。

第三，寻求市场缝隙。

民营企业要敏锐地捕捉市场的新需求，发现市场空隙。对于那些技术集约型的民营企业而言，若能利用自身技术、人才优势，选择一些以“小”“特”为特征的机械、电子产品，也不失为一种良策。采用这一战略，要求民营企业建立起一套高效、灵敏、准确的信息系统，因为这种战略的成功在很大程度上取决于市场信息的准确性和及时性。

5.6.4 营销创新的具体措施

(1)产品或服务是营销领域创新的源泉

有人说“一流企业卖标准，二流企业卖品牌，三流企业卖产品”。可见，一个企业必须提供被市场认可的产品或服务，这是营销领域创新的源泉。整理客户对企业产品或服务的意见或建议，从而设计、改进、开发出更好的产品或服务。民营企业的产品或服务，不是种类越多越有优势，而是越有品牌效应、越能作为技术标准被推广才越有优势。所以民营企业只有靠产品、靠服务取胜，才是营销领域创新的源泉。

(2)价格的调整控制是营销领域创新的关键

营销创新的关键是如何设计价格，理论上说价格高，利润就高，而企业的营利决定于价格和销售额的乘积。如果价格太高，可能使销售额很小，导致两者的乘积即营利额不高；相反，如果价格太低，尽管销售额很大，导致两者的乘积即营利额也不高。所以调整控制价格是营销领域创新的关键。市场和消费者有个认可的价格，但确定好这个价格，需要营销实践、需要营销探索、需要处理好竞争与合作的关系。

(3)渠道与客户关系管理是营销领域创新的灵魂

管理好渠道与客户关系是营销领域创新的灵魂。民营企业应以客户需求为出发点，开展系统化的客户研究，研究客户的需求，满足客户的期望，进一步优化企业组织结构和业务流程，提升营销渠道的市场适应能力，从而创新民营企业的营销模式。渠道关系本质上是一种营销中介服务，体现了对客户关系管理的过程。

(4)媒体、政府关系的协调是营销领域创新的重点

媒体的新闻报道或广告宣传，对民营企业形象传播是有效的，媒体、政府关系的协调是民营企业营销领域创新的重点，可以说“没人知道的产品，销路一定不会太好”。妥善处理同媒体、政府的各种关系，提高民营企业在整体市场上的竞争优势，以创新营销领域的特色为重点，通过产品、价格、渠道、促销等营销组合，发挥其集体功能，通过相互配合，突出整体效果，通过营销创新提高民营企业的经济效益和社会效益。

(5)寻求与竞争对手的双赢途径是营销领域创新的难点

民营企业一定要正视竞争对手，而且一定要树立“竞争双赢”的意识，竞争不是你死我活、不是争相降价、更不是两败俱伤，所以营销领域创新的难点是如何对待竞争的营销观念。民营企业在市场经济体系中，作为一个微观经济主体，既要处理好协作关系，又要处理好竞争关系，通过强化品牌建设、更新企业文化、优化企业形象，实现营销领域竞争的双赢。

(6)实施以人为本的管理是营销领域创新的起点

营销领域创新的起点就是实施以人为本的管理。在民营企业实施以人为本的管理就是要把关心人、尊重人、解放人、发展人作为民营企业营销领域创新的出发点。

5.7 企业家建设是山东省民营企业二次创业的决策保障

企业家是民营企业的创新主体。目前，许多民营企业产生真正意义上的企业家；他们在企业初创阶段能够勇于求变，但当企业发展到一定规模之后却常常墨守成规，这显然无法适应迅速变化的市场经济环境要求。因此，民营企业“二次创业”的关键是培育企业家阶层。

5.7.1 企业家素质的提高

(1)“二次创业”需要的企业家精神的具体内涵及其相互关系

“二次创业”呼唤新的民营企业家精神的出现，真正成功的、健康的民营企业家精神决不能是因循守旧、墨守成规的，而应当是有着广阔的视野，能适时看到国内外的各种变化并具有应变、善变的精神。

“二次创业”需要的企业家精神的具体内涵包括：①创新精神是民营企业家精神的灵魂和核心内容，是民营企业能够不断发展的内在动力。②诚信精神是民营企业家精神的内在要求。诚信是一个人安身立命之本，也是企业成长的基本要求。③社会责任意识是民营企业家精神的具体表现。企业在创造利润、对股东利益负责的同时，还要承担对员工、对消费者、对社区和环境的社会责任，包括遵守商业道德、生产安全、职业健康、保护劳动者的合法权益、保护环境、支持慈善事业、捐助社会公益、保护弱势群体等。这三者深刻揭示“二次创业”条件下民营企业家精神的实质。同时，三者之间又存在着必然的联系。社会诚信精神和社会责任意识要以创新精神为基础，社会责任意识是诚信精神的社会延伸。

(2)“二次创业”中重塑民营企业家精神的对策与建议

民营企业“二次创业”应从以下方面入手重塑民营企业家精神：

①营造形成和弘扬创新精神的良好环境。

为了成功实现民营企业“二次创业”，民营企业家必须进一步弘扬创新精神，提升本企业的自主创新能力，努力成为民营企业的中坚力量。

首先，对企业家成长环境进行创新，在全社会形成人人讲创新的社会氛围。全社会一定要把民营企业的发展放在特定的历史背景下客观看待、正确对待，给予最大程度的宽容和理解，坚持先发展后规范，努力营造一种容忍失败、鼓励探索的宽松环境，保护创业激情，激发创造活力。

其次，民营企业家应在企业内部形成有利于创新的环境。美国创新管理大师汤姆·彼得斯认为：所谓有利于创新的环境就是要尊重创新过程中的种种现实。民营企业家对待创新的态度，对企业创新环境的形成具有极其重要的影响。要形成创新的内部环境，通过内部创新，借助集群优势，逐渐形成一个企业家团队，凭借企业家团队的异质性来促进企业的成长，同时要加强冲突的管理，建立以创新型企业家精神为核心价值观的企业文化，强化企业家创新精神并推动企业的发展。

再次，建立鼓励创新的制度。要建立岗位竞争制度。任何一个部门职务特别是高级主管，都要采取竞争上岗，不论他在企业中的亲疏关系；要成立独立的创新部门，并为其制定单独的奖励制度；要设立合理的创新奖励制度，切实鼓励创新活动。

②建立促进企业家成长的动态学习机制。

为了实现民营企业家精神的继承和发展，企业必须建立一种连续的动态学习机制。在此过程中，应根据企业自身特征和所处发展阶段和竞争环境，在不同层面上以不同的方式培育企业家精神，认识阻碍它发展的因素，并通过基于能力的动态学习克服不利因素，实现企业的持续发展。通过持续创新，企业可以成功地冲破阻碍其持续发展的障碍。因此，必须建立动态的企业家学习机制，从战略学习与基础性学习入手，通过多层次的学习，突破企业发展瓶颈，培养民营企业家的动态学习能力,实现企业的健康发展。

③强化社会诚信管理与监督。

强化社会诚信管理与监督主要做好以下工作:

首先,加强职工诚信培训。通过对民营企业职工的诚信意识的培育,努力提高职工的诚信意识,全方位树立企业的诚信形象。

其次,加强对企业信用管理和监督,不断完善企业信用管理制度。民营企业在市场经济活动中应遵法守信,对财产专利、生产要素的使用和管理等都要按照规定进行,遵守劳动和社会保障法规,遵守环境保护和知识产权法,诚信纳税,保护消费者合法权益。

再次,加强企业诚信文化建设。民营企业应从中国优秀传统文化中汲取诚信精华,如“以诚为本”“以信为先”“以和为贵”“与人为善”“修己安人”“德政深厚”等来实现现代意义的承诺、公正、守法和公平。

④加强社会责任意识的养成与提高。

加强社会责任意识的养成与提高主要做好以下工作:

首先,提高对民营企业社会责任的理论认识,正确看待承担社会责任的企业意义。企业承担一定的社会责任是一种长期的自利行为,因为这会为企业提供和谐的外部经营环境,树立良好的形象,吸引优秀的人才,并能通过社会的合作和监督,规范企业行为,改善内部管理,从而提高经济效益。

其次,充分认识民营企业承担社会责任的社会意义。当今企业环境发生了巨大的变化,环境对企业的影响不断增大,而且社会公众对企业承担社会责任的主张更加坚定和迫切。因此,企业不仅要追求自己的利益,也要实现社会的利益;不仅要促进经济的繁荣,也要推动社会全面的发展。

再次,加强民营企业社会责任相关的法律和政策教育,加强企业伦理教育。增强企业法律意识,在经营管理中应该自觉遵守法律,尊重各利益相关者的合法权益。要求民营企业认真学习《中华人民共和国消费者权益保护法》《中华人民共和国环境保护法》等与民营企业的利益相关的法律、法规以及有关政策，提高民营企业的法律意识。

最后，民营企业要树立生态文明观，承担对环境的社会责任。生态文明观要求人类必须与自然和谐相处。民营企业要将生态文明观渗透，落实到民营企业的宗旨、根本目的、价值观念和行为准则之中，自觉从环境的破坏者变成环境的建设者，积极实行清洁生产；实现环境管理标准化和环境管理认证，使产品从原料、产品设计、开发、生产安装到维修、回收利用的全过程都符合环保要求，努力为自己、后代子孙及整个社会创造一个与大自然协调发展的优美生态环境，实现企业与自然的协调和持续发展。

因此，基于对民营企业“二次创业”与民营企业家精神之间关系的分析，可以看到，民营企业“二次创业”成功与否，在很大程度上取决于民营企业家精神的重塑。因此，民营企业必须通过民营企业家精神的重塑，来提升企业未来的竞争优势。

(3)培育企业家智力资本

提高民营企业家的科学文化素质，培育企业家智力资本应从以下两个方面来着手：

首先，不断学习新知识，提高企业家的科学文化素养。作为一名企业负责人，不仅要拥有专业的知识体系，同时也必须不断地学习其他领域的知识，广泛涉猎多方面的知识，提高自己的修养，增加个人魅力。

其次，加强自我修养，提高企业家的思想道德素质。企业家是企业中的灵魂人物，拥有高尚的道德品质是企业家应具备的最基本素质之一。在企业经营管理活动中，企业家的思想道德素质极大地影响着管理成效。民营企业家应摒弃私有者的狭隘观念，树立远大的理想和强烈的事业心，这样企业在发展战略及管理方式方面才能具有长远的内在驱动力，具有不断完善自我和发展的冲动。对民营企业而言，企业家个人的人格魅力对塑造良好的企业文化氛围，增强员工对企业的认同感和凝聚力都有着重要的意义和作用。

5.7.2 培育企业家社会资本

(1)社会资本理论的起源

“社会资本”这一概念最先是由法国社会学家皮埃尔·布尔迪厄在1980年提出的，他在《社会研究》上给了社会资本一个定义“实际或潜在的资源的集合，这些资源与由相互默认或承认的关系所组成的持久网络有关，而且这些关系或多或少是制度化的”。美国社会学家詹姆斯·塞缪尔·科尔曼于1988年发表了经典社会资本论文之后，社会资本理论成为各个领域都开始研究的焦点和热点。

许多学者在研究企业创业活动时，从原来关注企业的融资、管理和人力资本开始转向对社会资本的研究，阐释了企业创业活动过程中非制度因素的影响。企业家社会资本的作用不仅向企业家提供有关的“具体问题”的雏形信息，同时也提供相关参考信息来帮助企业评价创业机会，提高决策的科学性。

(2)企业家社会资本及创业机会感知

企业家社会资本概念包括了基于人际关系的社会资本和基于家庭关系的社会资本两种，是嵌入企业家现有的稳定社会关系网络和结构中的稳定资源，其价值取决于关系网络规模与关系成员所有的资本量。凭借这些资源可以有效帮助企业家寻找到合适的创业机会，机会感知是创业活动中的核心要素。

2002年，美国的一项研究表明：美国成长速度最快的500家私营企业中有75%的创业者是在其工作的产业内发现机会并实施创业活动的。大量的研究表明，企业家社会关系网络是其创业机会的主要来源，50%的创业者通过其社会关系网络发现了创业机会。

民营企业的崛起和发展也可以用社会资本的角度解释。民营企业的社会资本主要表现在以血缘关系、亲缘关系、地缘关系为纽带的社会关系网络，其基本核心就是家族式的信任。民营企业的创业初期，家族关系网络成为企业配置资源和扩展业务的主要途径，企业的所有权与管理权两权合一归家族成员，节约了委托代理成本。家族成员天然的凝聚力使得民营企业在抵御风险和创新方面更为容易[22]。

(3)企业家社会资本的拓展

企业家社会资本对于民营企业的第二次创业举足轻重，所以企业家资本的培育和拓展是极为重要的。

第一，社会信任制度的完善。

建立一个公开的信用环境有利于企业之间的交易顺利进行。政府作为社会管理者应当创造良好的制度环境，建立公正、公平、公开的法律体系，保证民营企业和国有企业一样享受同等的国家优惠待遇，并且建立良好的产权制度，在所有权和经营权分离之后，保证家族后代作为所有权的继承者能够对企业进行有效监督，同时也保证企业的职业经理人能依法单独行使经营权。产权制度的确立，是民营企业由人格化的亲情信任向非人格化的抽象信任转化的根本保证。切实加强社会信用制度建设，加快建立政府、企业、中介机构和个人的信用档案，建立信用记录、评价、公开制度，为社会提供信用信息。

第二，企业家能动性的提高。

企业家的能动性对于企业社会资本的积累和提升具有极其重要的作用。企业家能动性的发挥不仅要看企业家的动机，而且要看企业家是否有能力认识经济形势，能否策划和调整自身行为，将发展社会资本的欲望转变为现实。教育程度是能力的基础，与能力呈正相关。一般来说，企业家的教育程度越高，企业家的社会资本量越大。

第三，企业家积极参与行业协会组织，建立起独特的企业社会网络。

现代社会网络中，企业家能力的发挥及搜集信息、处理信息等工作不是一个人完成的，而是通过社会信息网络获得的，这种网络结构依赖于企业之间的联系。我国社会中间组织不够健全，社会协调呈“哑铃型”：一端是强大的政府，另一端是原子化的个人和家庭，唯独缺少中间组织。行业协会组织可以突破狭隘的家族意识，培养公民的参与意识，让人们从以血缘为纽带的人际关系圈中走出来，融入社会。

5.7.3 完善企业家进入和退出机制

成功的企业家由于自然生理规律的作用，只能为一个长寿的企业贡献短暂的智慧，而成功的长寿的企业却需要持久的企业家智慧来支撑它的持续成长和发展。因此，一个企业能不能实现可持续发展，关键要看企业有没有持续的领导智慧来为其引航。要实现持久的领导智慧支持，必须不断完善企业家进入与退出机制。

(1)企业家进入机制

第一，建立筛选机制。

经营者筛选就是在潜在的意欲从事企业经营活动的人群中挑选出最适合从事企业经营管理活动的人，经营者筛选方式包括内部筛选和外部筛选。内部筛选通常由内部选拔和培养组成，外部筛选通常就是外部招聘。根据目前人才市场的特点，可以考虑选择外部筛选为主，内部筛选为辅的做法。

第二，建立激励和约束机制。通过筛选机制过滤产生的经营者只表明其可能拥有经营型人力资本，但即使拥有经营型人力资本，也不能说明经营者就一定能成为企业家。只有通过激励和约束机制，诱导约束经营者努力使用自身的人力资本，才可能提高企业经营业绩，使经营者成长为企业家。

(2)企业家退出机制

退出机制作为一种强制性规定，更多的是对创业成员的约束与利益的调整。然而，退出机制能否成功地建立和运行，关键取决于创业企业家。在民营企业中，退出机制的核心是保证家族成员能够流动。家族成员淡出企业的直接目的就是为企业发展所需的“精英”提供位置。

5.7.4　民营企业二次创业的高管团队建设

民营企业二次创业是在经济全球化、世界经济进入新经济时代的大环境下，在取得第一次创业成功的基础上进行的，具有高起点、高难度、高水平的特点，所以决定民营企业二次创业成败的关键要素已经不再是具有超人胆量和卓越眼光的某一个企业家，而是包括企业家在内的高效运作的企业高层管理团队。高层管理团队能够提高组织的运作效率，激发员工的创新意识，并且能够快速地对外部环境做出恰当的反应；而作为一种特殊的团队类型，它又具有引导企业发展战略的特殊功能。所以，对于处在快速变化、竞争日趋激烈的时代背景下的民营企业来说，在二次创业过程中建立高层管理团队有其必要性。

(1)民营企业二次创业对高管团队的要求

民营企业二次创业环境背景以及自身的特殊性，要求高管团队建设必须具有传承性和创新性两种特性。

第一，传承性。

传承性是指民营企业二次创业高管团队建设必须建立在一次创业的基础之上，不可能脱离一次创业的成果寻求二次创业的突破。环境的快速变化给企业造成非常巨大的压力，企业为了应对环境的快速变化必须使自身具有快速反应的能力，特别是决定企业发展方向的高层管理团队更需要具备这种能力。而这种能力并不是在短期内就可以获得，它需要团队成员长期的合作和沟通，它建立在团队成员相互之间充分了解和充分信任的基础之上。而这种了解和信任又是在长期的共事过程中产生的。如果一个企业的高层管理人员长期处在高速变动的状态下，那么这个企业更多的时间和资源将会被消耗在高管团队内部成员之间相互磨合的问题上，而没有更多的精力投入到企业运营，不可避免地降低了企业的市场竞争能力。所以，传承性是民营企业二次创业高管团队建设需要考虑的重要因素之一。

第二，创新性。

创新是抛弃以往经验，实现突破的重要手段。在许多因素发生较大变化、企业寻求突破的情况下，单纯进行微小改进是很难实现跨越的。民营企业对一次创业非常熟悉，对二次创业则相当陌生。要实现从一次创业的“熟悉”到二次创业的“陌生”再到二次创业的“熟悉”，要求处在二次创业阶段的民营企业高层管理团队更加需要具备创新性的特点。企业高层人员只有通过改变原有的经营思想、思维方式等既定的“成功”模式，通过对已有资源进行“破坏性地创新”（克里斯坦森，1996），才能达到“改革”的目的，才能实现“质”的突破，才能实现二次创业的成功跨越。所以，创新性是二次创业阶段民营企业高管团队建设需要考虑的重要因素。

(2)高管团队构建“三要素”分析

第一，成员角色关系。

高管团队内部成员的角色关系界定了他们在团队中的位置和应该做出的行为以及相互之间的工作关系。

团队内部成员之间角色的明确分工和职责的清晰界定是团队高效运作的基础。在科学技术和市场环境迅速变化的今天，竞争绝不是单纯的产品质量和价格之间的较量，而更重要的是创新的能力、应变的能力的竞争。要应对这种市场竞争，需要正确定位自己的角色和有效地扮演角色。所以，高管团队要发挥其灵活性和稳定性的特点，能够有效地进行团队内部成员的角色分工。通过对个别高层人员的深入访谈以及问卷结果的分析，结果表明在被调研的企业中，高层人员之间在工作上的矛盾和冲突在很大程度上是因为相互之间对工作职责的模糊认识或是角色分工不明确所致。而这种冲突更会扩大化，从而造成整个团队组织上的分散，不利于形成统一的思想和价值观。所以，清晰明确的角色分工和职责界定对于团队建设有着重要的基础作用。

分工和协作造就了广泛的角色关系，相互之间紧密联系的角色关系形成了角色群。从这个角度看，高管团队也是一种角色群。在这个角色群中，高管团队成员不仅要对自身角色进行清晰地认识，更要通过改变自身行为和观念、抛弃既定的角色行为，来做出新的角色行为和实现新的角色关系。从组织行为学的角度讲，平等的工作关系能够提高团队成员的工作满意度和组织归属感，进而能够提高整个团队的工作效率和组织绩效。

第二，产权制度安排。

前面已经阐述清晰的产权制度对企业发展和提升企业的核心竞争力具有决定性的作用。同样，合理的产权安排对团队的组建和发展以及团队竞争力的形成也具有重要的作用。

高层管理团队成员是一群拥有高资历、丰富管理实战经验并取得过一定成功的人。产权制度安排会对团队成员能力的发挥起着重要的影响作用。产权制度的合理安排一方面能够很好地解决高管团队成员间的利益分配，从而解决团队成员之间缺乏沟通、协调和配合的现象，进而提高团队成员的工作积极性和组织公平感，最后达到工作积极性的提高和团队整体效率提高的结果；另一方面能够减少团队领导对团队成员的监督成本，增强团队成员的主人翁意识和责任感，从而实现在不增加监督成本的条件下提高团队效益，减少团队成员"背叛"行为的出现。所以，在二次创业高管团队建设中引进产权制度安排符合高管团队建设传承性和创新性的要求。

第三，团队理念认同。

不同于制度和组织结构，团队的理念认同是在长期过程中潜移默化形成的，它不能在短期内进行较大的调整。所以，团队理念认同一旦形成便很难改变，或者是改变需要付出极大的代价。所以，在高管团队建设中需要解决的最根本、最关键的问题是团队成员共同的价值理念，这也是每个高管团队领导者最大的价值所在。

由一群拥有共同观念的成员组成的团队将会对事物或者行为上更容易达成一致的观点，团队决策效率和制度执行将会更加高效。但是，在实际工作中，这种状态却往往非常难以实现。团队的集体决策通常会因为成员的意见不一致而最后只能由团队领导者强制决定；而这种没有得到成员一致认同的团队决策结果以及团队制度在执行过程中也不大可能得到团队成员的最大支持。缺乏共同信念的团队是没有效率的团队，最终肯定要遭受失败。拥有共同价值观的团队就算团队成员个人的能力有所欠缺，也可以通过其他成员的配合和帮助而使整个团队拥有很强的竞争力。所以，团队成员共同的信念和价值观是团队存在的稳固基础，更是高管团队传承性和创新性的来源。

(3)民营企业二次创业高管团队构建模型

综上所述，二次创业过程中民营企业高管团队建设应该具有传承性和创新性的特点。高管团队建设是一项复杂的工程，它需要在团队理念认同、产权制度安排和成员角色关系三者共同作用下才能够达到预期的目标，三者缺一不可。高管团队建设需要通过对团队成员角色以及相互之间角色关系的界定，以规定团队建设运行的基础框架以及解决团队成员之间工作上的矛盾冲突问题，进而提高团队成员的工作满意度；通过对团队内部成员之间利益关系的合理安排，即合理的产权安排，以解决团队成员之间为了个人利益出现的拉帮结派、内部斗争等问题，进而提高团队成员的工作积极性；通过对团队成员价值观和理念的统一，以达到团队成员整体思想上的一致，提高团队成员的组织归属感和主人翁意识，从根本上解决团队建设过程中出现的各类问题。三个方面共同作用，最终达到民营企业二次创业高管团队建设传承性和创新性的要求。民营企业二次创业的高管团队构建模型如图 5.2 所示。

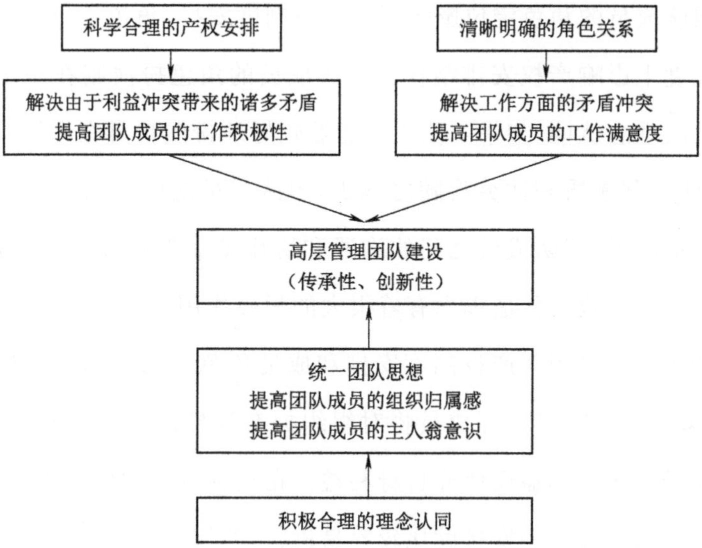

图 5.2　民营企业二次创业高管团队构建模型

其中，产权制度安排属于刚性范畴，团队理念认同属于柔性范畴，成员角色关系则是兼有刚性和柔性两种特性。产权制度安排和团队理念认同通过成员角色关系发生作用，所以，成员角色关系在三者中起着连接的桥梁作用。角色关系中，角色定位属于刚性部分，它规定了团队成员在高管团队中的职责和作用；角色扮演属于柔性部分，团队成员角色扮演程度决定了他在高管团队中作用发挥的大小。产权制度的合理安排能够使成员间的利益分配合理化、公平化，能够提高团队成员组织公平感，进而提高成员的工作积极性，使得团队成员能够更加清晰明确地认清自身的职责和团队中的角色，并更有动力去扮演这种角色。此外，产权制度安排通常都是按照团队成员在高管团队内部的重要性确定的，这种重要性则是通过团队成员在团队中的角色定位来体现。所以，产权制度的合理安排对于成员角色关系具有较大的积极影响，而成员角色定位则反过来影响产权制度的安排。

成员角色关系明确了团队成员的工作内容和角色定位以及相互之间的工

作关系。团队成员的角色定位影响团队产权制度安排，角色定位的相对重要程度在一定程度上影响产权安排结构。团队成员的角色扮演则在一定程度上影响团队成员的理念认同，如果团队成员能够较好地扮演自身在高管团队中的角色，那么团队内部矛盾和冲突将随之减少，团队成员之间的角色关系将变得和谐。在这种情况下，团队成员之间的沟通和协作就能够在良好的氛围中进行，对团队成员取得一致的价值理念有着很大的积极作用。

团队理念认同对团队产权制度安排和成员角色关系也有较大影响。一个拥有共同信念的团队，其内部成员将对组织拥有强烈的归属感和主人翁意识，他们能够为了团队的利益而放弃自身利益。在这种观念的引导下，一方面对于团队成员之间利益关系的安排就比较容易进行，产权制度的安排也不会受到太大的质疑和阻力，就算团队成员有自己的一些看法也会在一种开放的气氛下提出并得到解决，而不会出现表面上和气却背地里各怀盘算的情况；另一方面团队成员将更有积极性去做好自身工作，即努力扮演自己在团队中的角色并处理好相互之间的角色关系。

5.8 文化创新是山东省民营企业二次创业的精神力量

5.8.1 文化在民营企业二次创业中的作用

(1)“文化力”的开发是民营企业二次创业成败的关键

文化力是相对于经济力而言的，是推动社会进步特别是推动先进生产力发展的精神力量，其内涵既包括科技、教育在内的智力因素，也包括理想、信念、道德、价值观在内的意识形态的力量，还包括社会文化网络以及作用于现实生活的传统文化力量。企业文化赋予企业以巨大的凝聚力，是企业生存和发展的精神支柱。二次创业是一个主动的变革过程，文化是企业变革的先导。开发文化力是二次创业中不可取代的重要因素。文化力已经成为民营企业二次创业得以成功的关键。

第一，"文化力"改变着人们的思维方式和观念，为二次创业提供精神动力。文化力来源于理想信念、价值取向、思想观念、行为规范、知识技术等方面，决定着员工的整体素质，为企业的竞争力形成奠定思想基础。文化力改变着人们的心智和思维方式，引导二次创业的顺利进行。

第二，"文化力"是整合企业知识资源的融合剂，是企业核心竞争力的源泉。文化力将企业的知识和文化资源进行有效和合理的优化配置，充分发挥文化思想的融合剂作用，培育员工积极进取的精神和积极创造的能力。

第三，"文化力"改变组织结构和环境，为企业的发展创造条件。文化力要求企业的组织结构进行相应的改变，而且也为组织结构的变化做出自己的贡献。通过改变硬性环境和软性环境，文化提供变革的思想武器和润滑剂。反过来，这种结构和环境的改变同样对文化力的充分发挥起到积极的作用。

(2)文化建设是企业二次创业的推动力

第一，企业创新必须有创新型文化。

创新是企业发展的永恒的主题。二次创业实际上是民营企业的又一次创新。这次创新的实质是文化建设。"创新型文化"有助于创新能力的培养，"创新型文化"是企业全面创新的力量源泉。约瑟夫·熊彼特于1912年在《经济发展理论》中研究了"创新型文化"的特征。他指出企业家的创新精神应当包括企业家的首创精神、成功欲、征服意志、敢冒风险、不怕失败等，这些创新文化是经济发展最主要动力。这种"创新型文化"是现代企业文化的灵魂，它能够在企业中营造不断创新的氛围。它促进创新和变革的价值观和规范形成，用以指导人们的行为，激发创造性，推进全面创新。市场经济最大的特点之一就是在激烈的竞争中不断变革。灵活善变者胜，不善变者败，这是市场竞争的永恒的规律。企业要适应千变万化的市场，就必须有不断的创新。"创新型文化"要求允许失败，鼓励员工自觉地投入创新，在创新中培养自己的创新能力，创造鼓励创新的“创新型文化”。

第二，文化创新与制度创新、技术创新、管理创新的关系。

企业创新包括制度创新、科技创新、管理创新和文化创新。企业文化创新与其他方面的关系，可以形容为“源”与“流”的关系。企业文化创新是其他方面创新的力量之源，是创新的深层次的思想基础。其他创新都要求具有创新意识的人，而具有创新意识的人，要靠文化来造就。只有通过文化创新、创造创新的软性环境，才能带来制度创新、技术创新、管理创新等一系列创新。海尔的总裁张瑞敏曾经坦言，海尔以前没有核心技术(冰箱、空调压缩机等核心技术均为进口)，但却有核心竞争力。这种核心竞争力就是基于海尔企业文化的整合力，即在海尔核心价值观指导下的管理能力。可见，文化先行是民营企业同其他企业实力存在明显差距下的一条现实之路，离开企业文化建设，民营企业的二次创业难以成功。

(3)文化创新是民营企业品牌塑造的必经之路

部分民营企业在创业初期都充满着浓郁的唯功利性。这使企业产品一定程度上存在着模仿、粗制滥造的现象，这样的民营企业在消费者心目中留下的形象并不美好。在二次创业中民营企业还肩负着塑造国产品牌的重任。而品牌的背后是文化，在品牌的塑造过程中，文化起着凝聚和催化的作用；在品牌的传播过程中，文化起着载体的作用。因此，民营企业二次创业中的品牌塑造需要企业的内在文化、价值内涵做支撑，否则品牌是一个空壳，不会产生任何品牌价值。

5.8.2 影响民营企业二次创业文化建设的因素

民营企业脱胎于中国社会，诸多矛盾交织在一起，对其进行理性梳理，有利于增强对企业文化建设的把握。

(1)市场体制不健全与民营企业建立现代企业制度矛盾的制约

建设优秀的企业文化，要求民营企业建立现代企业制度，走出家族化经营的误区，实现所有权和经营权的分离。但由于受市场体制不健全和道德等因素的制约，出现两难境地。一方面，所有者让渡权利，必然导致来自创业者自身权利削弱后的不平衡；另一方面，在让渡操作中，由于受职业经理市场、法律完善程度和社会道德等因素的影响，很难找到合适的经营人，在存在“逆向选择”和“道德风险”的境地中，一些企业家准备交出企业管理权时，却发现企业内部并没有完善的制约机制，也不存在外部经理市场对专业管理人员的约束，更谈不上管理者与所有者之间真诚的信任和忠诚感。

(2)民营企业文化建设主体自身素质的制约

民营企业家和企业职工构成企业文化建设主体。一方面，个别民营企业家的素质偏低，这些与建立优秀的企业文化是极不合拍的；另一方面，民营企业的职工打工意识强，流动性大，与国有企业相比，人员相对混杂，整体素质差异较大，员工的价值观和人生追求各异，给本身步履蹒跚的企业文化建设更增添了变数。

(3)明晰终极产权归位下的企业运作与员工主人翁地位矛盾的制约

民营企业具有产权明晰的优势。这种产权明晰给民营企业带来了灵活的经营机制，因而迅速壮大。现代成功企业的创业目的大多是所标榜的“为社会创造财富”“为顾客创造价值”，是超越个体的，企业是主体，因而更容易建立起组织理性。而在个别民营企业家理念中，更大程度的是传统的“光宗耀祖”，是基于个体的，把企业看成是个体的私有物，很难建立起组织理性，结果必然造成职工缺乏主人翁意识，主动工作的积极性不是很高，消极怠工现象普遍[23]。

5.8.3 民营企业二次创业文化创新的原则

针对民营企业文化建设的现状，在二次创业中，民营企业要运用企业文化理论，重新思考企业的使命与追求，重建企业的核心价值体系，通过优秀企业文化建设培育新的思想观念，确立企业持续发展的经营理念，建立新的管理机制，调动全员积极性，提升管理水平，增强企业竞争力，成功实现企业二次创业的飞跃。

第一，以人为本原则。

以人为本，是企业文化建设的第一原则。目前，不少世界500强企业已将尊重人的价值作为第一追求目标。

第二，兼收并蓄原则。

企业文化应当吸纳和借鉴各种有价值的文化资源。民族文化是企业文化的根基和源泉。企业文化建设应将有用的传统文化继承下来，在扬弃的基础上创新和发展，同时，要不断地吸取、借鉴其他国家、其他民族的优秀文化来丰富和发展自身企业文化。

第三，突出个性原则。

发展现代企业文化要注重保持差异化优势。独具特色是企业的文化个性，是区别于其他企业的特征。企业只有形成了自己独特的文化，才能构建核心竞争力。企业活动所要实现的价值不仅是物质的价值，还要实现企业的文化价值。企业的管理者应该认识到一个企业区别于其他企业的特征不只是在产品上、企业的外在形象上，更多的应该是在企业的文化特色上。

第四，不断创新原则。

创新是企业的灵魂，由于企业是处在一个不断变化的环境中，既要保持其文化的本质不变，又要不断创新它的表现形式，增添新的文化内容。创新是企业文化建设的特性和生命力所在，是企业文化发展的内在动力。把创新植入企业价值观，全方位融入企业文化诸多要素和建设的全过程，培育全体员工的创新精神，使创新成为企业的品质，这是企业文化建设必须始终关注的焦点，也是所有成功企业的共同经验[24]。

5.8.4　民营企业二次创业文化创新的生长模型

构建民营企业文化，必须从政府、企业和社会三个维度着力，三者的合力决定企业文化的生长。其路径函数可表述式为 $C=f(g、c、s)$，其中 C 为文化（culture），g 为政府（government），c 为企业（corporate），s 为社会（society）。其中企业为自生变量，政府和社会为外生变量。

第一，政府维度——规范和引导。

首先，政府应制定政策和法规，以规范市场运作；其次，对民营企业实施文化战略提供积极的帮助，如建立并完善经理人的资格认证制度、信用档案和信息披露制度，举办企业文化培训，设置企业文化建设智囊机构，组织企业文化建设评比，加强对外出务工人员的培训等。

第二，企业维度——自觉和实践。

文化既是生产力，又是竞争力，民营企业增强文化建设的自觉乃是最为根本和关键的。首先，企业家的素质和文化自觉程度是决定文化管理的关键。企业家自身要深入领会加强企业文化建设在二次创业中的重要性，不断提高自身素质，以身作则，实现自我超越。这就要求企业家必须与社会融为一体，不能视资本为个人独享的金钱，而应作为社会共享的财富。其次，要把握企业文化建设的技术性和有效性。一是要体现个性特征，必须克服文化建设千企一貌现象。二是要遵循吸收、借鉴和创新的原则。吸收自己企业拥有的现存的优秀文化成分和中国传统文化的精华；借鉴国有企业、其他民营企业和其他国家的成功企业文化；立足于企业自身，进行文化创新，创造出自身独特的企业文化。

三是要循序渐进。企业文化建设虽然要有自觉性，但不要急于求成。因为企业文化是观念和意识形态，需要一个循序渐进的过程。

第三，社会维度——帮助和监督。

人与社会是互动的，价值观是人的社会化的核心内容，民营企业的文化建设离不开其赖以生存的社会和文化。首先，要净化社会空气，全社会共同构筑以诚信为主的商业文化。诚信不仅是社会良性运转的保证和人们情感系统不可缺少的支撑，也是民营企业实施文化管理的基本底蕴。同时，广大民众要树立正确的财富观，认识到只有个人财富的增加，才有社会共同财富的增长。这种企业家和民众在创造社会财富上达成的共识，有利于企业文化的生长和发育。其次，理论界、学术界和媒体要为二次创业中的民营企业走出文化沙漠添加绿色因子，加强理论研究和舆论宣传。社会团体和行业协会应经常举办民营企业文化建设交流会，要加强对民营企业文化建设的研究，为其文化建设提供理论和技术支持。同时，社会媒体特别是主流媒体应积极报道民营企业的优秀事迹，增强其社会号召力和感染力，增强职工的荣誉感和归属感，为培育良好的企业文化提供社会支持。

5.8.5 民营企业二次创业文化创新的内容和核心

在现代经济下，企业文化的内容有了更新的变化和调整，既包含原有的部分，但更多是与现代经济紧密相连的一些重要因素。

(1)民营企业二次创业企业文化建设的内容

在现代经济下，企业文化建设需要特别注意以下内容：

第一，企业家。

企业文化的变革应当从企业家开始做起，企业家是企业文化的第一设计者。企业家对于企业文化建设发挥主导作用，企业家的身体力行、楷模风范是企业文化的无声的命令。企业文化需要多数的认同和参与，不是一个领导者独立行动。领导者的作用是积极倡导推动，要有非常敏锐的观察力，善于体察组织成员的心理及要求，通过“以人为本”的管理，形成“上下同欲”文化氛围，才能成为一种文化力。

第二，价值观。

企业价值观是企业在追求经营成功过程中所推崇的基本信念和奉行的目标。企业价值观是企业全体或多数员工一致认同的关于企业意义的价值判断。在整个企业文化系统中处于核心的地位，也是文化建设中最值得关注的问题。企业价值观制约和支配着企业的共同愿景、信念和行为规范等。共同愿景是企业中人们所共同持有的意象或景象，它创造出众人是一体的感觉，是把自己认为最有价值的对象作为本企业追求的最高目标、最高理想。一旦这种最高目标和基本信念成为统一本企业员工行为的共同价值观，就会构成企业内部强烈的凝聚力和整合力，成为统领企业员工共同遵守的行为指南。

第三，企业环境。

企业环境是企业生存和发展的内外诸要素的综合，包括外界环境和内部环境。企业外界环境包括企业所处的社会政治的、经济的、文化的发展条件，特别是企业发展、企业市场需求趋势、企业在本行业中的地位和前景等。企业的内部环境包括企业现有经营理念、战略目标、组织结构、规章制度、人力资源管理、企业公关、市场营销、市场竞争情况、视觉识别和信息传播等方面。在二次创业中要科学地再造企业文化，就必须对外界环境和内部环境的诸因素做出客观细致的调查分析，找出主要的、起关键影响的方面。每个企业都处于特定的环境中，环境对企业文化的形成起着重要的作用。因此，企业环境调查是企业文化建设的前提。

第四，企业形象。

塑造良好的企业形象是企业文化建设的重要手段和有效的方法。企业形象是指社会公众或消费者按照一定的标准和要求，对某一企业的风貌、行为和各种活动成果所给予的一般的认定和整体评价。企业形象包括产品形象、信誉形象、员工形象、企业家形象、组织形象、公共关系形象、视觉形象等要素。塑造企业形象就是运用各种有效的方法把企业形象诸要素统一地传达给关系者，使他们对企业产生认同与好感。

CI(Corporate Identity)即企业形象识别战略，是一种提升企业文化、提高企业竞争力的现代经营战略。它通过强调企业识别系统的运行，把企业的各种信息传递给企业周围的社会公众，使人们对企业产生信任和依赖，从而全方位提升企业形象，达到扩大产品销售的目的。民营企业在企业文化的再造过程中，应当选择有利时机，准确地导入 CI 战略。

第五，企业营销。

企业营销是企业在执行一系列营销策略基础上形成的一种文化现象，它是高起点、智力型的竞争手段，它服务并服从于企业的价值目标，渗透于营销的各个环节，企业营销文化是企业文化建设的重要组成部分。

CS(Customer Satisfaction，顾客满意)战略作为 20 世纪 90 年代流行的一种新型企业营销文化，正日益引起关注。CS 战略通过理念满意、行为满意和视觉满意三个方面协调运作，全方位促使顾客满意。其基本思想是，企业整个营销活动要以顾客满意为指针，要从顾客的角度，用顾客的观点来分析消费者的需求，通过提高顾客的满意度来建立顾客对企业的信任和忠诚，并将其视为企业最重要的无形资源，从而使企业在激烈的市场竞争中取胜。CS 战略开拓了企业营销文化的新视野，是企业文化建设中的内容之一。

第六，企业人才。

人是企业中最宝贵的资源。对于企业的文化建设实际上是对人素质的再造。在现代经济下，尊重企业员工的价值追求和满足员工的需要已经成为现代企业的核心价值观的重要内容和企业文化建设中的基本要素。在企业文化建设中，要力图使企业中的各类人才的价值观和企业的核心价值观趋向一致。通过各种各样的形式，让企业的人才认识到自己既是企业文化建设的重要组成部分，同时又是企业文化建设不可或缺的决定性因素。

第七，企业道德。

企业道德是企业文化建设中的重要组成部分，要成为一流的企业，必须把遵守道德规范变成一种美德和自觉行动。

事实证明，在企业的发展变革中，仅仅单方面重视技术力量，而忽视企业道德的建设，就会造成社会的扭曲。企业即使抓住机遇，若没有企业道德的支撑，就有可能面对严重的威胁甚至造成灾难。在企业文化发展中，有了企业道德的支撑和补充，会使企业发展呈递进态势，增强企业自身的竞争力，永远保持应对挑战的动力。

(2)民营企业二次创业企业文化建设的核心

企业价值观再造是企业文化建设的核心。美国的特伦斯·迪尔和艾伦·肯尼迪在《企业文化》一书中指出，大部分企业的成功，“在于全体员工能够分辨、接受和执行组织的价值观”。劳伦斯·米勒也曾指出：“新的文化并非只建立在物质的基础上，新文化的产生是因为创造和接纳了新的价值观、新眼光，以及新的精神。”他说：“观念可以成为催化剂，使人类的潜能发挥出来。如果我们想要在公司内创造新的文化，就必须决定要依靠哪些价值观来建立这种文化。”

新的价值观的塑造是企业文化建设的根本任务。迈克尔·哈默在具体实践中塑造企业价值观提出六条规律：一是使新价值观成为现实；二是流程设计中包括新价值观；三是让管理者身体力行新价值观；四是在困难的情况下实践新价值观；五是测评和奖励制度中体现新价值观；六是清晰和独特地表达新价值观。民营企业在二次创业的实践中，可以结合所要解决的主要问题，有针对性地借鉴、吸收和创造。企业价值观的形成是一个长期的过程，需要结合实际，不断总结、提升，给予心理上的强化，才能形成稳定的行为规范，转化为全体员工所接受的实际行动，才能形成强有力的企业价值观。

5.8.6 民营企业二次创业企业文化建设的流程

企业文化建设是一个巨大的系统工程，其实践运作没有一成不变的程式。结合目前企业二次创业的实际情况，企业文化的再造过程分为以下的几个流程步骤(图 5.3)：

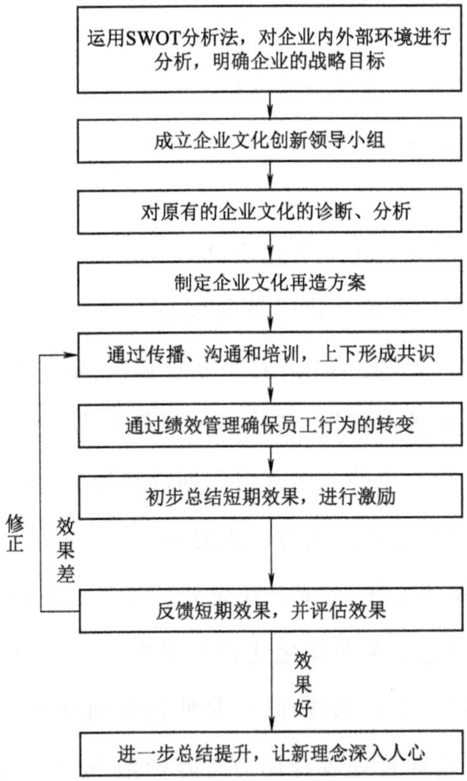

图 5.3 企业文化建设流程图

第一步，运用 SWOT 分析法，对企业内外部环境进行分析，明确企业的战略目标。美国哈佛商学院教授肯尼斯·安德鲁斯提出的 SWOT 分析法，是将企业外部环境与内部条件进行综合分析、系统评价，从而选择出最佳经营战略的方法。在企业文化建设中运用 SWOT 分析法，主要是分析企业在文化状况上的内部优势（Strengths）、内部劣势（Weaknesses）、外部环境的机会（Opportunities）、外部环境的威胁（Threats），再根据变化，明确企业的总体战略和经营目标，同时进行文化建设的定位设计，提出包括愿景、使命、价值观等方面的目标。

第二步，成立企业文化建设领导小组。企业可通过聘请专家、组织研讨会等形式首先获取高层对企业文化建设内容和必要性的共识，然后成立由企业主要领导挂帅、各部门的负责人参加的文化建设领导小组。同时，借助各级领导的管理权威和技巧，以及管理者的身体力行的垂范作用，形成企业文化建设的强大声势，这是企业文化建设取得成功的先决条件。

第三步，对原有的企业文化状况诊断、分析。通过问卷、开调查会、研讨会、个别访谈等方式，广泛收集企业文化相关资料（如企业成员的沟通方式、时间管理方式、空间布局、个人身份地位的表现方式等信息，以及员工对领导关系、员工管理、成功标准等方面的描述），分析优势和不足，形成对本企业文化现状的基本评估，同时明确进行企业文化建设可能遇到的阻力和动力。在这一阶段中，应非常重视把握现有企业文化状况与企业文化建设目标的差距，以找出制定企业文化建设目标和措施的根据。

第四步，制定企业文化再造方案。企业文化建设目标和措施的制定，应当结合企业战略和经营目标的要求，从本企业的实际出发，与企业的行业特色、经营特色、文化传统、服务对象特色相结合，重点在公司的愿景、使命和价值观、企业精神、行为规范等方面。制定的企业文化建设行动方案，要明确、具体、可行。

第五步，通过传播、沟通和培训，形成上下共识。企业应搭建多种沟通渠道，建立管理者与广大员工的双向沟通机制。可通过企业报刊、文件、广播、电视、网站，以及会议动员、知识竞赛、文体活动、环境改观等多种方式，形成浓郁的文化建设声势和氛围。通过这些活动，向员工传达企业倡导的先进文化内容，使员工明确企业进行文化建设的必要性和方法，以消除疑虑、澄清误解，达成共识，化为自觉行动。

第六步，通过绩效管理确保员工行为的转变。绩效管理是推动员工和团队行为转变的最直接方式，并结合薪酬管理的激励作用，能够促进企业员工行为向新企业文化要求转变。在企业文化建设过程中，为了确保员工行为与企业文化建设目标相符合，需要设定体现企业核心价值观的绩效考核指标。例如，设定部门合作满意度和内部满意度指标，以提高员工之间的团队合作意识。对员工进行考核时，应该充分结合工作绩效和对企业核心价值的遵守情况。对绩效高且遵守核心价值的优秀员工，进行奖励[24]。

第七步，初步总结短期效果，进行激励。企业文化的再造是一个长期的过程，容易造成人们的注意力疲劳。短期成果的宣传、展示和总结，有利于激发员工的热情，推动企业文化建设的进行。经常用阶段性的成绩来激励员工，是保持昂扬斗志的良方。

第八步，反馈短期效果，并评估效果。在企业实施文化建设的各个阶段，要进行文化建设的评估。领导层需要特别关注反馈意见，并不断地修正完善文化建设原有方案，巩固和推进企业文化建设的成果。

综上所述，在山东省民营企业二次创业中，创新是民营企业二次创业的灵魂。其中，民营企业二次创业的发展模式主要包括：文化创新是民营企业二次创业的精神力量，发展战略创新是民营企业二次创业的前提，管理创新是民营企业二次创业的桥梁和纽带，产权制度创新是民营企业二次创业的体制基础，技术创新是民营企业二次创业的动力源泉，营销创新是民营企业二次创业的关键，融资渠道创新和企业家建设是民营企业二次创业的经济和决策保障（图 5.4）。

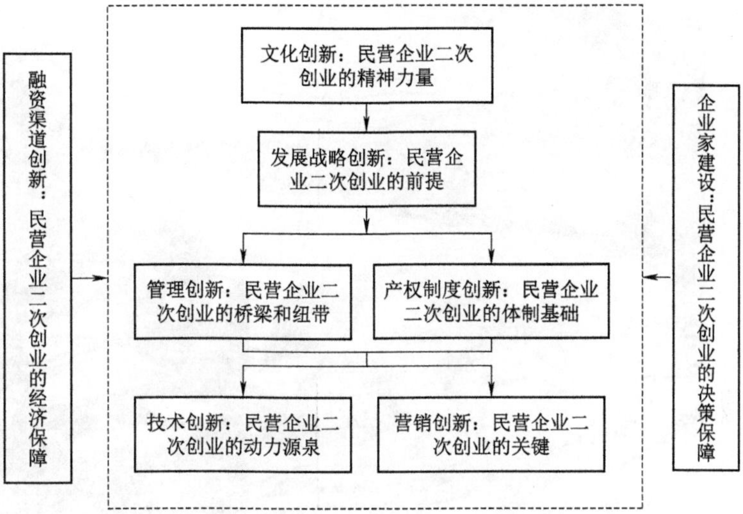

图 5.4　民营企业二次创业的发展模式

第6章 山东省民营企业二次创业的风险研究

6.1 山东省民营企业二次创业风险识别的方法

民营企业二次创业存在不确定的因素，这种不确定的因素成为民营企业二次创业的风险因素，它可以从两部分考虑，一部分是由于创业外部环境的不确定性引发的风险，这部分风险是创业者和企业无法控制或无力排除的风险，因而又可称为客观风险，比如政策立法、宏观经济以及社会、金融体制等带来的风险，对于这类风险，创业者只能在创业过程中设法规避。另一类是指非外部因素引发的风险，即指与创业者、创业投资和创业企业有关的不确定性因素引发的风险。非外部因素引发的风险可以通过创业各方的主观努力而控制或消除，因而又叫主观风险，如技术风险、管理风险、市场风险等。多数情况下，在二次创业活动启动之前，很多风险还是潜在的，只有在二次创业活动启动甚至进入正常程序后，某些风险因素才会爆发。

创业风险的识别是企业依据创业活动的迹象，在各类风险事件发生之前运用各种方法对风险进行的辨认和鉴别，是系统地、连续地发现风险和不确定性的过程。由于创业的特殊性，企业除了要识别如国家经济政策的调整、市场需求的变化等显性风险，还要识别形势变化的连锁反应所可能带来的半显性风险，同时还要识别遭遇突发事件的隐性风险。

创业风险不是一个一维的概念，没有哪一种方法能够同时达到所有的目的，在这种情况下，创业者应该充分考虑风险的两个方面，这两个方面是创业者最关心的。一是对风险的更深刻理解，创业者必须从全局监控的角度出发采取各种办法认识风险的存在，尽力避免遭受风险带来的任何损失。与此同时，创业者也应该清醒地认识到，没有风险就不会有超额利润或收益。因此，有得必有失，发生一定的风险损失是不可避免的，问题的关键在于密切监视这些风险并将损失控制在确定的可接受范围内。风险识别的核心就是使创业企业能够清楚地认识到自身所承受风险的程度，并能够继续其业务发展。现代企业面对的运营环境急剧变化，无论社会结构、科技、经济、环保及政治等因素，都使企业面对种种不确定因素。创业企业若要生存，必须在回避风险、寻找商机之余，要有效确保经营利益。创业风险识别的目标就在于如何正确发现及识别创业风险，从而为有效地控制风险奠定基础。下面简要介绍创业风险识别的几种常用方法。

第一，环境分析法。

企业环境的构成极其复杂。自然、经济、政治、社会、技术等环境构成宏观环境，而企业的微观环境主要包括投资者、消费者、供应商、政府部门和竞争者等。在不同的环境下，企业对创业风险识别的特定方法，是指通过对环境的分析，明确机会与威胁，发现企业的优势和劣势，找出这些环境可能引发的风险和损失。运用环境分析法，重点是分析环境的不确定性及变动趋势。例如，市场是否有新的竞争对手介入？竞争对手变动趋势是什么？市场需求因素对企业产品销售将产生什么影响等。这些不确定因素往往使企业的经营难以预料。同时，要分析环境中的变动因素及其相互作用对企业产生的各种制约和影响。此外，应从整体角度分析外部环境与内部环境的相互作用及其影响程度。

第二，财务报表分析法。

财务报表分析法是以企业的资产负债表、利润表以及财务状况等资料为依据，对企业的固定资产、流动资产等情况进行风险分析，以便从财务的角度发现企业面临的潜在风险。由于财务报表的特点，可以使管理人员便于掌握资料，提高风险识别工作效率；由于财务报表集中反映了企业财务状况和经营成果，因此，通过报表分析，可以为发现风险因素提供线索。这种方法成为风险识别的有力手段。

第三，专家调查法。

专家调查法是一种重要而又广为应用的风险识别方法，它是应用专家的经验、知识和能力对风险的可能性及其后果做出估计。一般来说，运用专家调查法的基本步骤是：①选择主要的风险项目，选聘相关领域的专家；②专家对各类可能出现的风险进行评估、打分；③回收专家意见并整理分析，再将结果反馈给专家；④把专家的第二轮结果汇总，直到比较满意为止。

6.2 山东省民营企业二次创业风险的评价

民营企业二次创业风险识别后，可以通过构建风险评价指标体系，对各类风险进行量化处理，以便更好地对它们进行评价控制。

6.2.1　评价指标体系的构建原则

影响二次创业风险的因素很多，只有通过多个角度建立评价体系，才能准确地反映民营企业的二次创业风险。所以，在构建评价体系时，必须遵循以下原则。

（1）全面性原则

二次创业风险因素很多，因此应该从多个角度进行全方位的把握，指标体系作为一个整体，应该全面地反映二次创业的风险，在指标体系建立过程中应特别注意总目标及各指标之间的整体性、独立性和相关关系，使它们既是不可分割的整体，又具有相对独立存在的意义。

（2）科学性原则

评价指标体系旨在建立一套完善、科学的评价方法，力求反映影响高新技术企业创业风险的所有重要因素，客观地描述创业的各种风险因素。

（3）连续性原则

考虑到影响创业风险的因素很多，为了保证全面反映各种创业风险因素，在建立评价指标体系过程中，要参考前人的研究成果，对前人的研究成果进行丰富完善。

（4）可操作性原则

建立该模型的目的是更好地量化评价创业风险，为有针对性地加以控制提供依据，所以在选择评价指标时，应该考虑到指标的可获取性，利于评价的实施和推广。

6.2.2　风险评价指标体系的构建

创业过程中可能遇到很多风险，为了使在创业过程中能够对可能的风险采取相应的预防措施进行规避，要建立二次创业综合风险评价指标体系。该体系包括七个一级指标，分别是技术风险、市场风险、生产风险、财务风险、管理风险、人员风险和宏观环境风险，每个一级指标又分别包括若干个二级指标。建立了二次创业综合风险评价指标体系之后，利用专家评价等方法，对各一级指标和二级指标分别进行打分，构建评价矩阵，然后应用模糊综合评价法对矩阵进行综合计算，得出各评价指标的风险度，再根据各指标在创业综合风险中的权重计算出企业的综合风险。具体民营企业二次创业的风险评价指标体系见表 6.1。

表 6.1　民营企业二次创业的风险评价指标体系

技术风险	技术成熟性 技术适用性 技术配套性 技术生命周期
市场风险	市场前景 产品竞争力 行业竞争状况 营销能力 市场占有率
生产风险	生产技术人员构成 生产设备与工艺水平 原材料供应状况 生产资源的配置
财务风险	创业资金筹集能力 追加投资能力 财务管理的规范性
管理风险	创业者综合素质和经验 决策的科学化 管理机制的成熟度

人员风险	人才流失风险 道德风险
宏观环境风险	政策风险 法律风险 经济风险 社会风险 金融风险

(1)技术风险

技术风险是指由于新技术本身的不足以及可替代的新技术的出现给新产品开发带来的风险，涉及技术的成熟性、实用性、配套性和技术生命周期等。

第一，技术成熟性。当一项技术处于不成熟阶段时，会加大投资后的工作量和控制投资的难度，导致风险的可能性会大大增加，同时，技术的不成熟还会影响接下来的生产和市场风险。

第二，技术适用性。技术的适用性主要包括技术适用的难易程度和广泛性。当一项技术可以广泛应用时，技术的风险必然降低；反之，如果技术的适用面狭窄，使用条件苛刻，那么风险必然增大。

第三，技术配套性。任何一项技术都不是独立存在的，它一定是与其他的相关技术、产品配套的，如果其他技术的发展明显地滞后，将会影响到该技术项目的发展前景。相反，如果与其相配套的相关技术已经发展得较为成熟，则将会促进该技术项目的发展，为该技术提供解决思路和手段。

第四，技术生命周期。一项技术的生命周期过短，则可能在开发出新产品不久之后就遭到淘汰，从而增加创业风险。而如果一项技术从导入期到衰退期的时间足够长，则可以从产品的销售中得到较稳定而长久的投资回报，降低创业的风险。

(2)市场风险

市场风险是指由于各种内外部因素导致能否赢得市场竞争优势的不确定性,涉及市场前景、产品竞争力、行业竞争状况、营销能力和市场占有率等。

第一,市场前景。创业企业风险大小与企业产品的市场前景是密切相关的。企业产品的市场前景越好,则投资的收益将会越大。相反,项目产品的市场前景不被看好,则投资收益就会很少,甚至产生亏损,给创业带来极大的风险。导致产品市场前景不好的主要原因是:需求者的数量较少;平均每一消费者的消费数量较少;以及该产品对其他产品的替代性不强。

第二,产品竞争力。创业项目能否带来收益的关键是看项目产品的市场竞争力。只有该项目产品与其他具有相同或相近性能的产品相比具有相对强的市场竞争力,才能带来丰厚的回报。当产品的市场竞争力降低时,它所带来的投资收益也就越来越少,产品的市场份额也就会不断下降。

第三,行业竞争状况。这主要包括竞争对手的数量、竞争对手的实力和消费者对竞争对手产品的依赖性等条件。如果面对的竞争者的实力不是很强,则对企业创业项目所构成的威胁不会太大;相反,如果竞争对手比自己强大,由竞争因素所带来的风险就会很大。由于人们都有一种对某种经常使用的产品产生依赖的习性,因此要把消费者吸引到本公司开发的新产品上去,需要该产品具有长期的比较优势。

第四,营销能力。创业企业的产品需要适应市场的需求,根据市场的需求来组织技术创新。在消费者身上所体现出来的固有的消费倾向决定了只有具有较强的营销能力才能在短期内吸引消费者,挖掘潜在的消费需求。

第五,市场占有率。产品的市场占有率取决于产品的技术成熟程度、对相似产品的替代程度以及产品的性价比。

(3)生产风险

生产风险指企业在生产某种产品或提供劳务时承担的风险,影响生产风险的因素主要有以下四种。

第一，生产技术人员构成。在知识经济时代，高新技术在本质上是知识的集成，生产技术人员的构成是技术生产能力和潜力的重要表现，对二次创业项目的成败具有重要的影响。如果生产技术人员具有较高的文化素质，能够较容易地接受新技术，则创业企业面临的生产风险就会较小。

第二，生产设备与工艺水平。企业的生产设备和工艺水平能否达到开发新产品的要求。如果生产设备和工艺水平都能达到开发新产品的要求，则企业可取得规模经济的优势，降低创业企业的风险。

第三，原材料供应状况。原材料的供应成本影响到企业的全面成本，因此要考虑到供应商、配套产品、能源等方面是否会对生产形成障碍。一个具有很好市场前景的产品，如果没有可靠的原材料供应，则将面临很大的开发风险。

第四，生产资源的配置。企业生产资源的配置状况直接影响企业的产出效益，生产资源配置水平的高低将会影响到企业的创业风险的大小。

(4)财务风险

财务风险是指企业财务结构不合理、融资不当使公司可能丧失偿债能力而导致投资者预期收益下降的风险，财务风险的影响因素包括创业资金筹集能力、追加投资能力和财务管理的规范性。

第一，创业资金筹集能力。一项科研成果要转化为实际的产品，充足的初始创业资金是必要条件，所以创业资金的筹集能力是决定创业能否顺利进行的关键。

第二，追加投资能力。产品的规模化生产、产品的销售和市场的拓展等都需要创业企业提供足够的资金支持，所以追加投资能力是决定创业企业能否顺利成长的重要因素。

第三，财务管理的规范性。财务管理不规范将会影响创业资金的合理使用，从而不能发挥创业资金的最大效用，还会出现资金周转慢、呆账和死账多的现象，对企业创业具有一定的风险。

(5)管理风险

管理风险是指领导层的管理水平的高低，以及管理层和员工素质的不适应性所带来的风险，涉及创业者综合素质和经验、决策的科学化以及管理机制的成熟度。

第一，创业者综合素质和经验。由于二次创业所具有的特性，使得二次创业的管理者的地位非常重要。如果管理者的知识水平不高、创新意识不强、经验不足，无疑将会对该企业的创业产生不利的影响，提高了创业的风险。

第二，决策的科学化。一个具有发展潜力的创业项目必须具有一套科学有效的决策机制，如果管理者仅凭个人的主观臆断、个人经验来进行各项决策，必然会造成决策失误，进而造成较高的创业风险。

第三，管理机制的成熟度。科学的管理机制能够充分发挥人员的积极性，最大限度地发挥个人的潜能，同时也能促进对创业项目的有效监管和控制，对于创业项目的成功具有保障作用。

(6)人员风险

人员风险主要包括人才流失风险和道德风险。

第一，人才流失风险。在创业企业中，关键技术往往只掌握在少数技术人员手里，如果这些技术人员离开企业，将会给创业企业带来极大的风险。

第二，道德风险。创业企业需要外聘一定的管理人员和技术人员，这些人员和创业者的目标和利益有可能不一致，这种不一致就会带来员工的道德风险，也就是委托代理风险。

(7)宏观环境风险

所谓宏观环境风险是指企业遇到的来自其经营环境的法律、社会、政治和经济等各方面的不利影响。

第一，政策风险。

纵观民营企业的发展历史，对民营企业而言，国家政策对其发展起着重要的作用，在二次创业中，国家政策对其创业风险的影响不可忽视。对于这种类型的风险，民营企业在二次创业过程中应该积极关注和预测国家的政策走向。就目前来看，国家对于民营企业的政策越来越优惠，这个风险因素影响相对较小。

第二，法律风险。

法律、法规的制定和修改，都会对创业企业产生影响。政府会采取某些事后的行政措施或法律手段，来限制某些行业的发展或某些产品的生产、销售或使用。例如，近年来节能工作被高度重视，一些高耗能、高污染的企业被明令禁止。

第三，经济风险。

因国家宏观经济状况、产业政策、利率变动以及汇率的稳定性等因素所带来的损失的风险。任何企业的发展都必须依托所在国家和地区的经济环境。经济存在周期性，在不同周期国家的经济政策会有所不同，相应的利率、价格水平、通货膨胀等因素的变化等都会带来很大的不确定性，使创业企业暴露在风险之中。

第四，社会风险。

传统文化、社会意识以及新技术、新产品的冲击，或社会的中介服务机构和基础设施不完备等引起的创业风险。这些因素很多是固化于社会文化或社会发展之中的，短时期内不可能有太大的改变。企业应该加强自身企业文化的建设，形成一个有利于企业长期稳定发展的企业文化，同时可以在某种程度上降低社会传统文化中的不利因素对企业发展的影响。

第五，金融风险。

起源于美国的金融危机给世界经济带来了沉重的打击，特别是对外贸产品形成沉重的打击，以目前大约周期为 10 年的金融危机发生情况来看，每次金融危机都会间接影响实体经济。

6.3 山东省民营企业二次创业风险的防范

6.3.1 风险监控

为更好地对企业二次创业风险进行监控，需要分别对企业内外部风险建立监控机制，比如人力资源管理风险监控机制、企业财务风险监控机制、销售管理工作风险监控机制等。同时发挥内部审计在风险管理中监督和控制作用，制定系统的管理策略来监控这些风险，形成二次创业项目风险监控合力，以便实现企业二次创业的经营目标。

(1)人力资源管理风险的监控机制的建立

企业要有处理人力资源管理风险的方法和措施，有效处理人力资源风险的同时，避免劳动争议的败诉风险，建立规范动态的人力资源管理模型。包括人力资源管理风险的预防及控制模型的保障措施：招聘与入职风险预防及控制措施，在职员工的风险预防及控制措施，自愿离职员工的风险预防及控制措施，公司使用劳务派遣的风险预防及控制措施。

(2)企业财务风险监控机制

企业应该通过建立全过程全方位的项目资金管理模式进行财务风险监控。二次创业中资金仅仅依靠有限的财务人员去监控，那可能只是不切合实际的纸上谈兵，二次创业的项目应该有适合的应收性债权管理制度，在财务人员的技术指导下，根据建立的资金管理模式，把清理应收性债权任务变成各责任部门和责任人的自觉行动。

(3)销售管理工作风险监控机制

建立销售管理工作风险监控措施，建立一套完善的销售管理体系，比如贷款风险的预防及控制措施等。

6.3.2 风险预防

(1)以人为本的管理理念是风险预防的前提

传统的管理理念仅仅关心劳动者创造财富的多寡，而忽视了劳动者自身发展的需要。随着知识经济时代的到来，新的稀缺资本出现，“资本雇佣劳动”让位于“劳动雇佣资本”。在新的游戏规则中，知识型劳动者既要求与企业家一同分享利润，又要求实现自我价值。人本管理可以使管理重心下移，组织结构趋向柔软化、扁平化，横向沟通加强，员工的需求被迅速识别，生产效率大幅提升。另外，要提高决策者、管理者的自身素质。对企业中高层管理人员的使用必须坚持德才兼备的用人标准，在人员甄选过程中两方面的素质都应该列入考核内容，同时还应加强员工的职业道德教育和业务培训工作。

(2)知识管理是减轻风险损失的有效途径

知识管理是以知识主管为组织者，以创建学习型组织为内容，为实现显性知识和隐性知识共享而服务的新管理途径。其关键在于使员工自觉地参与到知识共创与共享的过程中，最大化地发挥个人的创新能力，增加组织的知识储备。当隐性知识被及时记录、收集并整理为数据化知识后，因员工离职而造成的个体信息流失将大为减少，个人掌握核心技术环节对企业生产计划中断带来的威胁将不复存在。知识主管作为知识外显过程的主要负责者，其任务在于科学合理地设计以鼓励创新为基础的业绩评价与激励系统，打破等级界限，发挥员工的最大潜能。

(3)构筑复合式激励机制，发挥激励的综合效应

在复合式激励中，物质激励是基础，环境激励、目标激励是核心。将物质激励作为激励基础必须注意三个问题：第一，高薪酬必不可少，任何人都有满足生存的最底层需求，知识型劳动者也不例外；第二，满足员工安全需要的医疗、养

老、失业保障等应予以配套；第三，报酬形式的选取要兼顾企业短期利益和长期利益，员工持股计划、股票期权及合伙人制度都是有效的留人“法宝”。环境激励强调知识型员工的自我管理，将组织约束降至最低，给予员工共同远景的指导，同时营造宽松的环境，以合理的授权帮助员工用自己的方式完成目标。目标激励是基于对知识型员工“自我实现人”的假设，侧重于工作多样化、挑战性的设计，通过协助员工制定职业生涯规划，实行工作丰富化，激励员工的事业心、责任感，满足其成就感。

(4)充分发挥核心技术人才和管理人才的创业精神

新技术、新产品的不断开发和规范科学的管理，是现代企业各个环节高度运转的有效保障，也是企业最大限度地避免风险、减少损失的基本前提。高科技只有与人结合，才能把技术转化为产品，进而转化为成功的商品，使企业获得增值。也只有技术能力与管理能力和生产制造能力充分结合，高科技的企业化才有实现的可能。因此，必须充分发挥核心技术人才和管理人才的创业精神。要达到这一目的，关键是要创造出“收益与风险相匹配”的政策环境，形成与国际惯例接轨的、以保护知识产权为核心的分配机制和经营制度，使技术和成果真正成为生产力要素，并在参与企业的经营与分配中获得应有的价值。为此，企业一方面应建立其技术入股、科技人员持股经营、技术开发奖励等一系列激励制度，对核心人才和管理人才按工作的重要程度每年额外配给股份，用股票来留住人才，用股价来激励人才。另一方面，新创办的公司可以让核心技术人才和管理人才事先按适当的价格预约购买企业股票，享有优先股权，以使其在股票价格上涨时通过抛售获得收益。同时，积极争取国家、地方政府的支持，使对核心技术人才和管理人才实行配股制、优先认股权具有合理合法性。

(5)建立多元化的融资和保险体制，注重依靠权益资本来发展

第一，企业二次创业要降低经营风险，必须充分利用企业外部的多种投资，实行风险分散，让更多的人分担风险。这样不仅可以减少每个投资者和经营者

所承担的风险水平，还可以使企业不受制于一个或几个风险投资家，在总体水平上增强企业的风险承受能力。为此，建立多元化的融资渠道，利用包括政府投资和资助、风险投资家和风险资本信用担保、银行贷款、证券市场上的融资等在内的多种资本，培养更有利于企业二次创业进行风险管理的环境。需要指出的是，对于新创业的企业，获得贷款、担保固然是必要的，但必须主要依赖权益资本来发展。

第二，对于企业二次创业，建立一定的保险措施也是防范风险的最佳措施之一。保险是与商品经济的发展紧密相连的一种经济保障制度，它根据合理的计算共同建立基金，对因危险事故造成的经济损失或人身意外事件的出现实行给付。因此，保险是人们管理风险的重要手段。企业的二次创业应充分利用保险这种方式来尽可能化解风险，减少风险可能给企业带来的损失，真正做到遇险不乱，顺利经营。

第三，完善企业内部控制制度。完善企业内部控制制度的一个重要手段就是建立健全严密的内部控制系统。企业内部控制系统必须覆盖到企业的各项业务、各个部门和各级人员，并渗透到投资决策、执行、监督、反馈等各个环节。同时企业还必须建立科学的授权制度和岗位分离制度，对掌握企业内幕信息的人员实行严格的批准程序和监督处罚措施。

6.3.3　风险处理

在完成对风险的充分有效识别和科学准确的评估之后，企业就需要采取可行的措施或运营技巧最大限度地降低风险对企业正常运行所造成的不良影响。这就需要进入风险应对阶段，这一阶段是企业进行风险控制的实质性处理阶段。在风险应对阶段比较常见的风险控制策略包括“风险规避”、“风险缓解”、“风险转移”和“风险自留”。

(1)风险规避

风险规避是指在考虑到了风险事件的巨大破坏性或者要采取控制措施的行动成本远远高于解决风险问题所能够产生的经济效益的现实情况下,主动放弃或拒绝实施可能导致这一风险问题的行动方案。这是一种比较消极的风险控制方法,经常使用容易导致一事无成。现实中,企业通过规范的甄选和录用步骤去除部分应聘者,避免日后造成严重的员工道德问题或人员流失问题的方法就属于风险规避行为。

风险规避是在考虑到某项活动存在风险损失的可能性较大时,采取主动放弃或加以改变,以避免与该项活动相关风险的策略。将风险因素消除在风险发生之前,因而是一种最彻底的控制风险技术。当项目风险潜在威胁的可能性极大,并会带来严重后果且损失无法转移又不能承受时,风险规避是一种最有效的风险管理方式。具体可通过修改项目目标、项目范围、项目结构等方式来实行。具体方法有两种:①放弃或终止某项活动的实施,即在尚未承担风险的情况下拒绝风险;②改变某项活动的性质,即在已承担风险的情况下通过改变工作地点、工艺流程等途径来避免未来生产活动中所承担的风险。

(2)风险缓解

风险缓解是指在风险造成损失之前采取措施积极消除风险隐患,减少风险损失的频度和幅度的风险控制策略。对于风险缓解的具体目标措施,国内有学者认为其基本点就在于消除潜在的风险因素和减少可能的风险损失,主要可以包括降低风险发生的可能性,控制风险损失的大小、分散风险和采取一定的预备补救措施等。例如,实施二次创业的企业内部采取严格的财务核算制度,以及与关键性的投融资方建立和保持良好的合作关系以减轻资金风险的负面影响的措施就属于风险缓解行为。

(3)风险转移

风险转移是指企业考虑到风险的客观存在而有意地将损失转嫁给其他方

的风险控制方法。对于风险转移，目前国内学者研究比较多的是“保险转移”、“控制型非保险转移”和“财务型非保险转移”这三种形式。“保险转移”是指企业或公司方通过与保险公司签订正式的保险合同的方式分散转移风险。“非保险转移”则指的是企业转嫁风险的对方不是保险业中的机构或个人，其中“控制型非保险转移”特指的是企业通过出售、租赁、转包和分包的方式将存在于部分业务环节中的风险转嫁给其他企业或个人，而“财务型非保险转移”则专门指企业通过与其他方签订风险投资协议或资金参股协议的形式来转嫁风险的行为。例如，企业公开上市融资就可以看成是一种将风险转移给股东的行为。

(4)风险自留

风险自留是指实施二次创业的企业选择自己承担风险损失的措施。这又可以分为主动风险自留和被动风险自留，或全部风险自留和部分风险自留。值得一提的是，采取风险自留措施的企业必须慎重地考虑自身经受风险损失冲击的能力，所以这类风险控制策略只适合于那些损失后果不是非常严重的风险。对于这种情形，比较常见的有企业在风险发生后通过寻求外部应急贷款，日后再通过按期偿还债务的方法解决风险问题。

第7章 山东省民营企业二次创业的保障体系研究

7.1 山东省民营企业二次创业的政府保障

7.1.1 政府促进民营企业二次创业的作用机理分析

(1)相关概念界定

第一,政府行为。

政府行为是指国家政权机关依法对社会进行组织、管理的一系列活动的总称。从宏观而言，政府行为代表着整个公共权力运行的方向，维系着社会的秩序与效率；从微观而言，政府行为通过政府各级工作人员的具体实践，为广大公众所感受、评判，影响着政府的权威与形象，影响着政府的施政能力和效果。

政府行为是政府职能运行过程的具体外化，政府职能必须通过适当的政府行为表现出来。一般认为政府的职能有三点：保护性职能、提供公共产品以及对收入和财富进行再分配。基于政府的三大职能，政府行为构建创业环境中的手段包括三个方面的内容，①保护性政府行为。政府颁布、执行相关政策法规（制度）以保护与维护个人自由，其中相当一部分是通过政府管制来实现的；②生产性政府行为：为创业活动提供公共产品，包括有形基础设施、政府提供的项目支持和各类服务等；③调节性政府行为：为创业活动提供减免税费优惠。

第二，创业环境。

创业环境是影响创业活动的一系列外在条件。良好的创业环境具有鼓励、保护和服务创业的功能。因此，几乎所有的研究者都认为创业环境与创业活动的活跃具有正相关关系。

创业环境分为三大类：第一类是政策性环境，包括由政府行为直接干预的政府政策和政府项目支持等，政府行为，即保护性政府行为、生产性政府行为和调节性政府行为，直接构成了政策性环境；第二类是商务性创业环境，这是与企业生产经营直接联系的外部环境。创业的商务环境至少包括四个方面的内容：①创业企业能够获得的资源，例如分包商、供应商、咨询机构；②创业企业能够得到的服务，包括金融（银行）服务和非金融服务（法律和会计服务）；③创业企业能够找到这些资源的程度；④创业企业能否用得起这些资源和服务。我们将金融支持、研发转让效率、商业和专业基础设施、进入壁垒等与企业经营活动有密切联系的要素归于商务性创业环境；第三类是公共性创业环境，这是与其他活动共享的公共性环境，包括教育与培训、有形基础设施以及文化和社会规范等。

第三，创业绩效。

本节的创业绩效指的是微观创业主体绩效，具体地说就是创业企业绩效。企业绩效一方面包含企业一定时期的经营效益，又包含企业一定期间经营与管理的效率；另一方面，企业绩效既包含了对企业一定期间经营成果的考察，又包含了对于企业经营管理者一定期间经营管理成效的考察。创业绩效指创业活动在组织水平上的绩效产出，它是一个多维的结构，在很多的创业研究中，创业绩效用以评价新业务创建的效果，是组织水平上的结果指标。创业绩效不仅可分为获利性绩效和成长性绩效，还可分为财务绩效和非财务绩效。

第四，创业效应。

从经济学的角度来讲，创业效应是创业活动所产生的外部性。本节将创业效应定义为创业活动所产生的特定的效果和影响，绝大部分学者认为创业活动将带来正的创业效应，如增加就业机会、刺激国内生产总值(GDP)增长等。而这些正是政府的目标，也是政府行为改善创业环境、促进创业活动的出发点。

(2)政府行为促进民营企业二次创业活动的基本路径

在政府行为促进民营企业二次创业活动的过程中，可以分析出以下两条基本路径(图 7.1)。

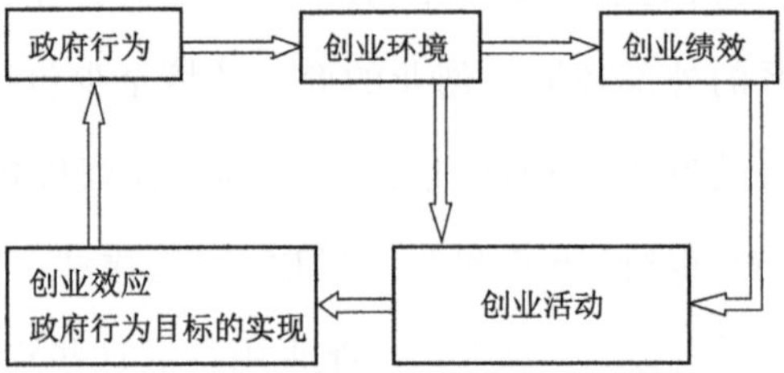

图 7.1　政府行为促进创业活动的基本路径

从微观层面上来说，政府行为通过改善创业环境以降低创业成本，使得企业（即个体的“创业行为”）的创业绩效得到增进，企业存活率提高、初创企业数量增加，促使全社会的创业活动呈现活跃状态，进而带来相应的创业效应。具体地说是依循“政府行为—创业环境—创业绩效—创业活动—创业效应”的路径。

从宏观层面来说，政府行为通过改善创业环境影响全社会创业活动的活跃程度和效率。具体地说是依循“政府行为—创业环境—创业活动—创业效应”的路径。相对于通过成本变化直接影响创业企业，政府行为的这部分影响往往是通过一些间接的途径施加的，尤其是在公共性创业环境领域比较常见，比如政府可以通过在社会文化中倡导创业精神的培育进而激发民众的创业意愿。

图 7.1 中两条路径在“创业活动”环节汇合，最终创业活动的活跃将带来创业效应的实现。而经济增长、就业增加、产业结构调整等创业效应则意味着政府行为目标的实现，如此形成政府行为促进创业活动的完整路径。其中，改善创业环境是整个体系中的关键点所在，环境对于解释任何创业现象都是一个合理的出发点。政府行为往往是通过改善创业环境达成促进创业活动的目的，因此创业环境是重要的中间变量[25]。

7.1.2　民营企业二次创业中政府的职能定位

(1)民营企业二次创业中政府应坚持的基本原则

民营企业二次创业中政府应坚持市场协调的原则，建立公共服务型的政府，做到“适当无为”和“有效有为”。

传统观念认为政府职能包括政治职能、经济职能、文化职能及社会保障职能，而经济职能主要体现为：对市场的培育作用；对经济活动的调节和干预作用；经济活动的协调者和仲裁人作用等。有学者认为在市场竞争条件下，政府的职能主要是在遵守市场规律的前提下，通过创建一系列制度来规范市场、稳定市场和引导市场发展，并通过提供必要公共产品的形式来弥补市场供应的不足，政府不一定要自己来生产某种产品。在民营企业二次创业中，政府应坚持市场协调的原则，政府职能应予以重新科学、合理地定位，应该从强调政府的经济职能转向强调政府向社会提供公共服务的职能，包括公共事务管理和公共经济服务，建立公共服务型的政府。

在民营企业二次创业过程中，地方政府要处理好“有为”和“无为”的关系，做到“适当无为”和“有效有为”。政府承担的主要责任有：宏观控制企业产业方向，加强管理企业依法征税，向企业提供外部环境服务。在改善民营企业发展的外部环境上，政府应改善企业经营环境和为企业提供公共服务，正确处理好“政府、企业与市场”三者的关系，要正确界定政府与市场边界。逐步建立企业自主经营、依法纳税，政府提供优质服务，促进企业发展的新机制。一方面政府办事效率大大提高，收费项目减少，减轻了企业负担；另一方面，政府不断强化宏观调控、综合协调的管理职能。

(2)政府促进民营企业二次创业的角色定位

第一，确保制度供给并适时推进约束性机制的实施。

制度供给是环境建设的核心内容，对企业治理机制转型有着决定性的影响。如果没有相应的制度保障，某些治理结构甚至难以存在，并导致相应的治理机制无法建立。因此，政府既要致力于解决制度短缺问题，又须解决公司治理过程中约束机制不足的问题。尤其是在公司治理中，股权冲突、所有者与经营者的冲突、股东与利益相关者的矛盾冲突不可避免，没有完善的制度供给，不仅会降低经济运行的效率，而且会纵容不良行为。公司治理的运作，在于法律手段、职业道德和激励机制的有机统一。但法律解决的问题往往是有限的，而道德约束的关键是建立信誉机制，而信誉机制的建立要靠政府推动和引导。信誉是一种资产，只有带来价值，企业才会有维护信誉的充分激励。所以，政府在制定的政策上必须使良好信誉和治理结构的价值得到充分体现。治理机制转型的核心是企业内部约束的组织制度、激励合约、各种权利保护和权衡的适应性变化。政府可以通过外部制度的设计对转型施加有效率的影响，适时推进强制性制度变迁，在公司治理中体现政府意志。

第二，通过中介组织推进民营企业二次创业。

政府在推进民营企业二次创业的过程中，为了更好地引导民营企业二次创业，应发挥民间中介组织的桥梁作用，实现政府对企业的间接管理，如制定和完善相关法律，支持和促进各行业体制外商会（民营企业自发形成的商会）的发展，实现会员企业间的自律、学习和交流、调解、监督和制衡。这样做不仅可以起到帮助政府实施管理的作用，还有助于减少少数民营企业运用现代企业制度的外壳获取政府优惠的逐利性行为。

第三，利用企业的自适应性特点实现。

民营企业二次创业的变革和演进必须充分重视民营企业“自适应”过程中路径依赖的特点，稳步加以改进，以避免拔苗助长。为此，政府应在制定政策时更好地利用民营企业“自适应”的特点减少直接干预，引导其发展。这就要求对影响民营企业治理结构转型的主要因素加以考察，有针对性地施加引导作用。

7.1.3　民营企业二次创业中政府的职能和作用

（1）彻底转变观念，推进民营企业的二次创业与发展

为了切实解决目前民营企业二次创业中存在的规模不经济、低水平重复建设、市场过度竞争等问题，有关部门应把促进民营企业的二次创业列入长期发展计划，应定期向社会发布具有指导性的条例，发布相关行业的技术标准和行业发展趋势信息，以引导民营企业健康发展。要充分利用当前中国经济结构进行战略性调整的有利时机，在发展大企业、大集团的同时，实行“放小”与“扶小”相结合的战略，真正做到放开搞活，使民营企业在专业化分工和社会化竞争中

得到稳定发展。同时,要实现政府管理体制由管制向监控的真正转变,必须通过体制改革,使政府由直接管制经济向政府监控经济运行转变。

(2)适度保持对民营企业的升级压力

民营企业面临市场压力,应变能力和创新能力是非常强大的。根据实证结论,对民营企业适度保持一定压力是非常必要的,可以更快地促进企业转型升级和创新能力的提升。例如,通过环保政策尽快实现"腾笼换鸟"的低碳、清洁生产的产业发展目标。面临这些压力,民营企业为不被市场和政策淘汰,必然加强技术革新、管理革新、研发革新,促进企业开发更节能环保的新产品,提高企业经济效益,实现"二次创业"。

(3)促进民营企业二次创业的法律重构

为民营企业塑造核心竞争力提供法律制度保障的意义在于建立平等竞争的制度环境,消除民营企业获得战略性资源的法律制度障碍。法律制度在民营企业核心竞争力塑造中发挥基础性作用,为民营企业第二次创业创造良好的外部环境,促进民营经济快速发展。

第一,在行业准入方面,以公平原则为导向。

民营企业与民营经济发展的法律制度与法律环境,是一个需要认真加以研究的问题。民营企业最初萌芽于市场经济的自发需求,受国家政策的影响巨大。理论层面上的认识突破、法律地位的提升很大程度上决定了民营企业的发展速度、规模与质量。

企业立法应依资本形态和企业责任而不是企业身份对市场主体进行科学的分类。从责任形式看,在市场经济关系中,人们关心的是企业的责任能力,而不是企业的所有制性质。因此,应保证各类企业的平等地位,实现企业间公平竞争和优胜劣汰。从资本角度看,企业作为社会化的资本组合形态,每种企业形式都应对所有投资主体开放并平等对待,任何投资主体均可选择合适的企业形式,企业资本应可以自由流动,通过合并、联合、兼并、产权交易等形式实现资产重组，从而实现资源的优化配置。

第二，改善劳动用工法律制度，为民营企业提供丰富的人力资源供给。

高科技时代的来临，企业人力资源越来越成为一项重要的竞争资源。从民营企业角度看，其人力资源供给状况只受企业内部人力资源政策的影响。但从整体上看，国家政治环境、法律环境等外部制度都会制约企业人力资源的供给。个别民营企业在身份制度、养老保险和社会保障等方面的问题导致许多优秀人才对进入民营企业顾虑重重。从短期看，必须严格执行《中华人民共和国劳动法》，以契约规范民营企业与职工的劳动关系。从远期看，还必须改革户籍管理、养老保险和社会保障等制度，使各类经济主体在劳动用工方面处于平等地位。

第三，以法律形式确立民营企业的财产权，激励民营企业进行二次创业。

尽管法律中规定了对私有财产的保护，但私有财产变成具有法人属性的资本后，已经不再是原来意义上的私有财产，法人具有法律拟制的独立于自然人的法律人格，其财产是法人财产，并以其法人财产承担法律责任。所以相关法律需要完善对民营企业财产权平等保护的内容。

第四，资产证券化法规的完善。

所谓资产证券化是指政府设立的官方和半官方机构、商业银行、储蓄机构、财务公司等金融机构或生产贸易型公司将其所拥有的期限较长、流动性较差，但质量较好、收益稳定的金融资产（如住宅抵押贷款、信用卡应收款、汽车贷款、应收账款等任何能在未来产生现金流的收益权）经过一定组合，配以相应的信用担保，转变为可在金融市场上流动的证券的过程。发起人通过资产证券化进行融资，其融资成本要比通过其他融资方式的成本低，也能改善发起人的权益负债比率。资产证券化的实施，将拓宽民营企业融资的渠道，为民营经济的可持续发展提供资金上的法律保障。

第五，制定和实施信用评价法。

现代经济社会中社会信用体系的建立遵循社会学对政策描述的创新扩散

规律，即社会信用体系的建立必须是由一个足够有力量的核心来发起，形成最初的信任中心。这个核心在正常的力量分配范畴中往往是中央政府或者地方政府。缺乏信用机制对民营企业主体进行客观有效的评价，导致民营主体在参与市场行为过程中缺乏征信机制制约而付出的成本和代价太低。另一方面，由于缺乏民营企业针对性的信用机制评价体系，导致银行也只能基于自身的市场经验，避免自身陷入借贷信用风险。因此，可以在实践的基础上制定信用评价法，具体规定信用评价的机构组成、评价的程序、评价的指标和标准的采用、评价的效力范围、信用档案的管理以及违反其应承担的法律责任等事项。这就为民营企业的信用问题提供了法律上的保障，更有利于民营经济的可持续发展。

(4)政府应给予民营企业发展必要的政策支持，优化经营环境

①扩大市场准入，实行公开、公平、公正的投资政策，落实民营投资时的国民待遇。凡是对外商已经开放的投资领域都要向民间资本开放。此外，凡是对国有、外商投资实行优惠政策的领域，其优惠政策对进入该领域的民营投资同等对待。凡是预期有受益或通过建立收费补偿机制可以获取收益的基础性和公益性项目，都要引入市场竞争机制，积极鼓励和引导民营投资的进入。另外改革行政审批制度，减少前置审批，逐步向核准制发展，公开办事程序、办事结果，增加透明度，为个体私营企业市场准入创造良好的发展环境。

②规范民营企业的税收政策，要解决不合理的税费负担。当前各级政府研究制定鼓励民营企业发展的专门的税收优惠政策。民营企业税收政策的制定体现企业公平税负、平等竞争的原则，对一部分具有特殊功能、确实需要特殊优惠的民营企业，采取先征后退或定向补贴的做法，或降低税率、提高起征点，或提高固定资产折旧，对符合国家产业政策的技改项目，可以让其享受投资抵免企业所得税的政策。

③加快金融体制改革，帮助拓宽民营企业融资渠道。

首先，各级政府积极为银企之间牵线搭桥，组织开展经常性的、多形式的银

企对接活动，召开银企洽谈会，及时向金融部门推介信用高、效益好的民营企业，推进银企互信合作，促进银企联手，协商解决一些企业融资难的问题。允许民营企业通过资本市场融资，对一部分经营管理好、利润率较高且有较好发展前景的民营企业，经过严格的审批手续以后，应允许其向社会发行一定数量的债券。

其次，政府进一步强化和完善各金融机构对民营企业服务的组织体系；建立民营企业信用投资风险基金和担保基金；完善信贷管理体制，积极支持民营企业的发展；建立适合民营企业特征的直接融资市场体系；建立信用评估等级制度。

(5)健全民营企业社会服务体系

政府积极引导民营企业二次创业，进一步完善民营企业服务体系。

第一，优化政府机构设置，建立规范的具有政府色彩的企业中介服务体系。一般来说，民营企业的自身力量有限，如在人才培养和招聘、市场调查、技术引进与改造、经营管理咨询、法律服务等方面，都难以依靠自身的实力来完成。因此，结合正在进行的转变政府职能的机构改革实践，各级政府积极、稳妥地建立具有政府色彩的企业中介服务体系。政府可以通过优惠政策的扶持，培育、规范会计师事务所、律师事务所、审计所、评估机构、咨询公司等市场中介机构，鼓励和支持社会中介机构的创立和发展，引导现有的社会中介机构转变观念，改进服务作风，按诚信、公正、科学的原则，依法开展经营活动，降低收费标准，提高业务水平，优质高效为民营企业提供各种专业化服务。

第二，构建技术支持体系。

知识经济时代，技术成了企业经营成败的关键因素。因此，可采用政府支持、企业和科研院所联合等形式，促进科技成果的商品化和产业化，引导民营企业采用高新技术改造传统产业，从劳动密集型向资本密集型再向知识密集型转变；应建立民营企业技术改造贴息基金试点，扩大企业技术升级性投资；应创办民营企业工业园、孵化器等。

第三，建立科技共享服务机制。

以政府、金融机构和科研机构为主力，形成民营企业的科技开发、科技成果共享机制。采取促进“产、学、研”的结合，推动民营企业、科研机构和大学间成立共同研究和技术开发机构；成立科技投资中介机构，如设立高新技术专项基金，通过以专项基金为主的注入，建立多元化性质的投资公司等方式。

第四，构建信息网络服务体系。

在构建民营企业信息网络过程中应加强以互联网为平台的民营企业电子信息服务网的建设，实现国家、省、市三级联网，并逐步建立起企业项目库、人才库、产品库、政策法规库、技术专利库、产权交易库，形成电子信息服务平台。通过电子信息服务网开展电子政务服务，发布政策信息，代办行政审批业务；开展商务服务，发布市场供求信息，推介企业产品；进行网上交易和电子商务服务；开展网上项目服务，发布各行业前沿技术和最新科研成果，投资融资项目和产权交易与合作项目；开展网上人才供求和法律咨询服务。

7.2 民间商会等行业自律组织的保障作用

行业协会是社会团体中最有活力最具影响力的一部分，民营企业的发展与行业协会的发展存在着密不可分的关系，行业协会、商会等行业自律组织的建立与完善，能够解决市场和政府都不宜介入的“双重失灵”领域，承担着为行业内民营企业服务的重要职责。

(1)民营企业要为民间商会提供更好的财力和智力支持

除了交纳会费之外，企业有责任主动为民间商会组织提供多种方式的服务。由于多数民营企业拥有较高的专业技术、分析能力和管理技能，如果民营企业通过同非营利组织建立合作关系，并派驻民营企业志愿者对非营利组织的人员进行辅导和培训，民营企业能够带动这些组织的能力建设，从而推动中国非营利组织的可持续发展。

企业还可就某些和自身业务有一定关联的社会问题建立知识库，确立一到两个能够同地方政府和民间商会组织建立长期交流与合作的课题，这既能贡献自己的智力资本，同时又能更好地解决社会问题。

(2)民间商会要为民营企业提供物超所值的服务

第一，民间商会具有重要的作用。①开拓市场。通过承办一些展览会，帮助民营企业提供国际国内市场经济信息，开拓国际市场。②推进合作。在吸引外资等方面发挥穿针引线的作用，开辟获取国外技术和资金的各种渠道，在“走出去”方面发挥重要的中介作用。③申诉服务。通过行业组织的协调作用，组织实施反倾销、反补贴等法律措施。④应诉保护。帮助民营企业开展反倾销应诉，展开相应的调查工作对行业数据进行统计分析，设立相应的产品预警机制。⑤规避争端。利用“行规”保护民营企业免受侵害，维护民营企业的正当利益，避免争端。⑥应对贸易壁垒。作为行业的代表和市场谈判的主体，民间商会可参与各种非官方的国际经济活动，应对贸易壁垒问题，以民间渠道对国际经济决策施加影响。

第二，商会为民营企业提供独特的服务。例如，针对外来务工人员比较多的情况下，将民营企业联合起来，帮助他们整合医疗保险计划，通过民间商会的帮助，使员工享受更多的福利。民间商会在本质上是多元人际关系的“协调器”，它是构建和谐的劳动关系的中介。作为工商业服务的提供者，民间商会熟悉民营企业的具体情况，在协调过程中便于进行有效的斡旋。建立由代表民营企业的民间商会协会组织、代表地方政府的劳动保障行政部门和工会组织参加的劳动关系三方协调机制，对于有效调节劳动关系，充分保障劳动者的合法权益，实现劳动主体双方地位平等、权利与义务对等，形成民营企业与职工的双赢局面都有重要的意义。同时，商会可利用与媒体保持良好关系的优势，帮助民营企业在社会上树立正面形象。如深入了解民营企业的发展动向，帮助民营企业将新举措、新产品告之公众，当民营企业遇到公关危机时，则可动员媒体的力量，为民营企业从危机中摆脱出来。

(3)地方政府为民间商会的发展提供政策上的支持

第一，地方政府对商会采取培育发展和监督管理并举的管理模式。地方政府努力实现公共服务的市场化，使商会等非营利组织发挥更大的作用。商会更重要的任务是发挥自身资源、信息和组织优势，通过各种职能的转变来引导和规范商会向自律组织发展。

第二，政府按“以民为主、民办官督”的方针重塑商会，以更好地发挥其独立性和自主性，使地方政府和商会在明确分工的基础上各自发挥应有的作用。

总之，山东省民营企业的二次创业是一项任重道远的复杂工程，需要企业、社会和政府的多方参与，需要积极梳理民营企业二次创业的制约因素和实施路径，以创新作为民营企业二次创业的灵魂，明确民营企业二次创业的发展模式，健全二次创业的风险体系和保障机制，科学实施民营企业二次创业，真正促进山东省民营经济的全面健康发展。

参考文献

[1] JEFFREY C. Corporate entrepreneurship and the pursuit of competitive advantage [J]. Entrepreneurship Theory and Practice,1999,23(3):26.

[2] TEECE D J, PISANO G, SHUEN A. Dynamic capabilities and strategic management [J]. Strategic Management Journal,1997,18(7).

[3] LENIHAN H. Enterprise policy evaluation: Is there a'new' way of doing it? [J]. Evaluation and Program Planning,2011,34(4).

[4] PEIGHAMBARI A, HENNEMANN S, LIEFNER I. Success factors for upgrading and innovation in the electronics industry: An analysis of private small and medium-sized enterprises in the Pearl River Delta [J]. International Journal of Technology Management,2014.

[5] 李仁苏．中小企业初创业行为研究[D]. 武汉:华中农业大学,2009.

[6] 侯宗放．经济新常态背景下我国创业问题研究[D]. 兰州:兰州财经大学,2016.

[7] 赵飞鸿,桑大鹏．新兴产业创业成功的影响因素研究[J]. 文化创新比较研究,2017(23).

[8] 牟丹,周颖．大连市创新创业问题研究[J]. 中国商论,2018(28).

[9] 汤勇．关于影响创业家形成创业动机与实现创业成功的若干因素研究[J]. 西华大学学报(哲学社会科学版),2012,31(2).

[10] 韩斌,程美秀,闫玉．山东省企业自主创新的现状、存在的问题及解决对策[J]. 山东经济,2008(3).

[11] 陈雪倩．资本理论视角下小微创业企业的现状及提升策略研究[D]. 北京:中国青年政治学院,2017.

[12] 王璜．民营企业持续性创业机制研究[D]. 宁波:宁波大学,2014.

[13] 杨卫敏．习近平关于非公经济领域"两个健康"思想研究[J]. 江苏省社会主义学院学报,2017(1)

[14] 胡君霞．中小企业创业压力、创业自我效能感与创业导向关系研究[D]. 南昌:江西财经大学,2010.

[15] 王延荣,刘升阳,李秋香．众创经济视阈下创业创新发展研究[J]. 河南社会科学,2018,26(9).

[16] 张莉．创业型中小企业发展瓶颈的战略管理分析[J]. 现代经济信息,2019(2).

[17] 陈江．中国民营企业的战略资产、组合创业与创业企业成长绩效研究[D]. 杭州:浙江大学,2013.

[18] 陈晓霞,谢茂水．民营企业自主创新能力分析与评价[J]. 价值工程,2009(11).

[19] 王爱玲．河南省民营企业技术创新能力的聚类分析[J]. 科技和产业,2010(4).

[20] 彭琳,杨世秘．我国创业投资发展存在的问题、原因及对策研究[J]. 山东青年政治学院学报,2019,35(1).

[21] 林枫．基于企业家社会资本视角的企业创业导向及其作用机制研究[D]. 杭州:浙江大学,2011.

[22] 段维龙．民企二次创业过程中的企业文化建设相关问题研究[J]. 商业文化,2010(1).

[23] 王如平．我国民营企业文化软实力的缺失及对策[J]. 改革与战略,2010(4).

[24] 夏彬．南通市创新创业政策对地方经济影响研究[D]. 杭州:浙江大学,2018.